La Rampe

Rouge à lèvres et maladie de Charcot

Diana Carter

La Rampe

Rouge à lèvres et maladie de Charcot

ÉDITIONS FRANCE LOISIRS

À Jean-Pierre

Édition du Club France Loisirs,
avec l'autorisation des Éditions Michalon.

Éditions France Loisirs,
123, boulevard de Grenelle, Paris.
www.franceloisirs.com

© 2005, Éditions Michalon
ISBN : 2-7441-8712-7

Au plus beau du monde, mon fils, Camille
À Maman et Papa
À Mamy et Papy
À Dominique et Jean-François
À Tiphaine
À Émilie et Roch
À Nicole et René
À Brigitte
À Patricia
Au Professeur Vincent Meininger
À Jean-Philippe

À mon ancêtre, Jacques Cartier (1491-1557),
navigateur fou devant l'impossible « possible »

« J'aime mieux vivre en enfer,
que de mourir en paradis… »

Les Insomnies
Barbara

Préambule

Ce n'est pas à trente-trois ans, mais à trente ans que j'ai été clouée vive sur la croix de la SLA[1], tout comme Jésus-Christ par les Romains il y a deux mille ans et des brouettes. Sauf que moi, je suis une femme et que Jésus était un homme, selon certains théologiens qui pataugent encore, la preuve quant à l'identité véritable de Jésus-Christ n'ayant jamais été formellement établie.

Mon éducation judéo-chrétienne s'est cantonnée aux séances de cathé du mercredi, pour se finir le jour de la grande communion. Dociles, mes coreligionnaires et moi acceptions alors sans

1. SLA : Sclérose latérale amyotrophique. Voir Postface, page 183.

sourciller l'existence de toutes sortes de bondieuseries (cérémonie, vêpres, prêchi-prêcha) sans regarder plus loin que le bout de notre nez. Cela dit, c'était bien souvent l'occasion de franches rigolades avec les copains et les copines, voire de drague party. Ô période délicieuse des jours de messe derrière le presbytère, dont il me reste encore en bouche le souvenir du moelleux des baisers d'un garçon propre et endimanché qui me restituait le goût du café de son petit déjeuner. Et puis, je ne résiste pas à l'envie de vous avouer avec quel plaisir j'allais me confesser auprès d'un jeune prêtre qui embaumait la lavande. Il était beau comme le diable (si tant est que ce soit le bon mot) dans un sublime pull shetland aussi bleu que ses yeux. Après tout, c'était un homme comme les autres. J'ai compris bien plus tard, pourquoi j'avais tant apprécié la diffusion télévisée du film *Les Oiseaux se cachent pour mourir* avec le séduisantissime père Ralph de Bricassard. Côté absolution, c'est clair, je brûlerai en enfer comme du bois sec ! Dois-je réciter dix *Pater* et trois *Ave* ?

Au tout début de ma maladie étant fervente des pratiques médicales dites parallèles, j'ai consulté un médecin chinois. Après quelques séances de dialogue et d'acupuncture, il m'a dit : « Dieu vous envoie une épreuve. » Merci Dieu ! Si j'ai souvent considéré cette affection comme une manifestation pathologique très grave, un événement dramatique survenu dans ma vie de femme, personnelle et intime, je n'ai jamais imaginé une seule seconde que Dieu cherchait à m'éprouver. Telle n'est pas ma croyance. Le Coran, la Tora, la Bible ou tout autre essai religieux ou ésotérique ne correspond à aucune de mes références actuelles, morales ou philosophiques. À mon sens, il ne s'agit que de recueils écrits par l'homme pour l'Homme. J'imagine qu'il a eu besoin, à un moment ou un autre, d'ouvrages ou de supports faisant « autorité » pour construire l'Humanité. L'être humain n'a pas été assez contemplatif pour constater, que la nature, l'air, le soleil, l'eau, la terre et enfin l'Amour qu'il avait en lui étaient la prunelle de Dieu.

Il n'y a pas si longtemps, mon petit garçon m'a demandé clairement, en suçant son pouce : « Maman, qui c'est Dieu ? » Un peu surprise, j'ai pris le temps de réfléchir pour lui apporter une réponse intelligente, intelligible, facile et correspondant à l'idée que je me faisais effectivement du « Grand Barbu ». Mon hésitation l'a laissé perplexe. Il a lâché son pouce pour me lancer : « Dieu, c'est moi ! » « Oui, mon chéri, c'est cela ! Dieu, c'est toi ! » Que dire de plus ? Aucune maman ne peut s'empêcher de penser que son enfant est un Seigneur, non ?

Chut ! Je suis malade

Septembre 1988 : premières manifestations de la maladie sous forme de courbatures musculaires. J'avais mal au dos, mal à la tête et le soir au coucher, d'étranges tressautements me traversaient le corps. J'avais attribué l'apparition de ces symptômes à la période de baisse d'activité dans laquelle je me trouvais. Un simple coup de déprime, quoi ! Cette explication repoussait les inquiétudes. Pendant un temps appréciable, ignorer a été le meilleur des remèdes.

Devant la persistance de mes symptômes, j'ai fini par me décider à aller consulter un généraliste qui m'a envoyée chez le docteur H., un neurologue très réputé. Soi-disant. « Légère et court vêtue, j'y allais à grands pas, ayant mis ce jour-là, pour être plus agile, cotillon simple et souliers plats... » Merci monsieur de La Fontaine ! J'ai débarqué chez lui, pétillante de mes trente ans, la fleur à la bouche et maquillée comme une voiture volée. J'avais pris soin au préalable de passer un tas d'examens médicaux dont ce spécialiste était censé me donner les résultats.

— Je ne peux rien faire pour vous. Votre scanner n'a rien révélé. Il faut attendre. Il est possible que ce soit une atteinte neuromusculaire mais je n'en sais pas plus.

Zlam ! Je me suis quasiment évanouie devant lui. Il m'a regardée l'air étonné et j'ai eu le courage de bredouiller ces quelques mots : « Mais, est-ce une maladie grave ? » Il m'a répondu qu'il ne savait pas si j'allais claquer ou pas, et a renchéri : « Ma petite dame, c'est la vie ! Hier, un homme est venu me voir pour de violents maux de tête, il a passé un scanner, il a une tumeur au cerveau et il n'a plus que deux mois à vivre. » Point barre. Il m'a carrément laissée tomber. Il n'a même pas évoqué l'idée d'un rendez-vous ultérieur. C'était genre : « Va mourir ! » Dark Vador et ses sbires n'auraient pas fait mieux. Pensez-vous que même très petit, ce chacal a essuyé une larme quand la mère de Bambi est morte ?

J'ignore de quelle manière j'ai eu la force de sortir de son cabinet. Hébétée, hagarde, *destroyed*, il ne me restait plus qu'à m'affaler comme une pauvre flaque sur le pavé sec de juillet. La colère, l'indignation, la révolte et les interrogations fusaient dans ma petite tête comme un bouquet final de feux d'artifice du 14 Juillet et du 15 août réunis. C'est sûr, j'avais dépassé, et de loin, les travaux d'Yves Coppens. J'avais rencontré *in vivo* l'ancêtre de l'australopithèque, le chaînon manquant, l'antimatière. Je refusais de croire que je venais de m'entretenir avec une sommité médicale ayant pignon sur rue, serment d'Hippocrate en poche, bardée de diplômes, congénère de l'espèce humaine de surcroît. Traumatisée et dans un état d'incertitude totale quant à ma santé, j'ai immédiatement pris la décision d'aller consulter d'autres experts. Et, au cours des mois qui ont suivi, j'ai rencontré un échantillon proprement hallucinant de neurologues.

Je m'attarderai seulement sur le pire de tous : le « scientifique ». Vous savez, ce médecin qui tire toujours la gueule, qui vous regarde à peine, qui fourrage dans ses cheveux et qui farfouille sur son bureau de toute façon bordélique. Le bonhomme vous prête une oreille tellement inattentive qu'au bout du compte, vous vous demandez si vous ne le dérangez pas avec vos petites misères. Il a quand même fini par marmonner dans sa barbe (qu'il n'avait pas) : « déshabillez-vous ! » J'étais à peine allongée sur la table d'examen, *topless*, grelottant de froid et d'angoisse dans mon petit string en soie noire, qu'il convoquait une cohorte d'internes dans son cabinet, sans m'en avoir informée au préalable. Le groupe m'a entourée et a scruté ma mor-

phologie, ma masse musculaire. Suffo-
quant de larmes naissantes, j'entendais
les commentaires « pédagogiques » de ce
personnage qui s'adressait à ses disciples,
en désignant du doigt et en palpant certaines parties de mon corps et de mes
muscles : « Vous avez vu ? Elle a ça, ça et
ça. » Personne ne m'a adressé la parole,
j'étais devenue un sac d'os. La barbaque,
c'était moi ! Pour la première fois de ma
vie, j'ai ressenti une véritable atteinte à
ma dignité de femme, d'être humain.
Aussi érudits en neurologie que ces mes-
sieurs pouvaient l'être, ils avaient tous
loupé une marche et, pas une seconde
lors de cette épouvantable séance, l'un
d'entre eux a songé à remonter l'escalier.
Dans leur dictionnaire intime et mental,
les lettres *A, D* et *R* – *A* comme Amour, *D*
comme Douceur, *R* comme Respect – ont
sûrement été *boguées*.

Nous sommes tous à notre niveau des
héros, simplement certains le sont plus
ou moins que d'autres. Il est clair que
l'univers de la recherche médicale mérite

une *standing ovation*. Malheureusement, certains grands pontes sont tellement focalisés sur leurs tubes à essais qu'ils oublient souvent ceux qui attendent le fruit de leurs études et de leurs réflexions. Leur patient devient « support ». J'ai été « support », et ça fait très bizarre.

Comme tous les médecins que je consultais y perdaient leur grec et leur latin médical, j'ai été hospitalisée pour des examens poussés. Visiblement, tout le monde tâtonnait. Mon cas semblait les laisser pantois et personne ne se hasardait à donner un diagnostic, et encore moins l'espoir d'un traitement. Le chef d'un service neurologique m'a finalement proposé un essai thérapeutique qui pouvait, éventuellement, avoir une action bénéfique sur les symptômes que je développais. Ce traitement était à 100 % identique à la cure de chimiothérapie utilisée dans les cas de cancer du sein. Avec des effets secondaires à 100 % identiques eux aussi : perte des cheveux, perte de poids, perte de peps.

Je voulais tellement me remettre sur

pied que j'aurais fait confiance à n'importe qui, n'importe quel pelé, n'importe quel clochard du coin. Compte tenu de la notoriété du médecin en question – j'avais eu vent par des rumeurs de moquette de couloir qu'il copinait avec le ministère de la Santé et intervenait même auprès d'un Mitterrand déjà très malade – je donnais illico mon accord à une seule condition : je me taperai mes séances de chimio exclusivement en fin de semaine pour retourner au turbin le lundi matin. Il était hors de question de sécher. Hors de question !

Je revois le jour de mon arrivée à l'hôpital dans le service neurologie pour la première cure de deux jours : huitième étage, couloir verdâtre, odeur de vieille soupe aux poireaux, pipi, gémissements… Ma chambre était plus que chichement lotie : deux lits à ressorts antérieurs à la Première Guerre, un lavabo dans lequel ma voisine de chambre urinait et… aucun poste de télévision. La haine ! J'ai pensé qu'on était en 1990, j'ai pensé à tous les impôts que je payais à la Ville, à l'État, j'ai pensé à tous ces somptueux stades de foot en construction, j'ai pensé à tous les malheurs de la planète et à ce foutu blé si inégalement réparti. J'ai pensé taper un scandale. Et puis, rien. Je m'étais interdit de jouer les Calimero dans « un monde cruel et inzuste, trop inzuste ». Je ne voulais pas me plaindre du tout. Me plaindre aurait été du nombrilisme. Alors, bonne fille, j'ai adhéré, sans broncher !

L'expression « rendre l'âme » n'est pas vaine. Après chaque cure, j'ai vomi mon cœur, mes tripes, mon cerveau, mes angoisses et le dégoût lui-même. La simple ingestion de salive me (re)faisait (re)vomir. Je me souviens notamment d'un retour en taxi où j'ai préféré ouvrir mon sac à main pour gerber à l'intérieur et arriver plus vite à la maison.

Troisième cure et cinq kilos en moins plus tard, c'était net : on m'empoisonnait ! J'ai dit : « STOP ! » J'ai décidé d'effacer le mot « cobaye » gravé sur mon front. Mon état ne s'était pas amélioré. Le discours des médecins non plus.

Le temps passa et le simple inconfort des premiers symptômes prit une tournure plus inquiétante.

Comme un *rush* qui tourne en boucle au cinéma, je me repasse la scène où, pour la première fois, mon corps m'a crié : « SLA ! » (mais j'étais sourde). Je grimpais un escalier, et le genou gauche s'est dérobé. Je ne suis pas tombée et n'y ai plus prêté attention. Dans les semaines qui ont suivi, la force n'est pas revenue. C'était même de pire en pire, toute ma jambe s'affaiblissait, s'affalait. Je boitais discrètement jusqu'au jour où j'ai boité furieusement. Et là, ça se voyait.

Je ne tiens pas à faire état des différentes étapes de ma maladie. Ce que je peux dire, c'est que je suis entrée dans la spirale infernale de cette saloperie avec ses paliers évolutifs, ou non évolutifs. Ce dont j'étais convaincue au vu de mes premiers symptômes, et bien qu'ignorant tout du mal qui me rongeait, c'est que c'était « quand même un petit peu grave ». Oui, très loin dans l'embrouille de mon web cérébral, je le pressentais. Mais, je n'ai pas su, pas voulu, faire intervenir mon libre arbitre, préférant suivre mon instinct du moment qui s'appelait orgueil et ambition. J'étais prête à assumer une pathologie, éventuellement lourde, mais je souhaitais surtout continuer à mener ma vie familiale et professionnelle comme si de rien n'était. J'ai donc continué à travailler, et à occulter. Pour garder l'espoir de ne pas désespérer.

J'entrais dans la valse des consultations. De médecins asiat' en ostéopathes, en passant par des illuminés qui se prenaient pour la réincarnation de Yahvé ou de la déesse Shiva, j'ai fini par atterrir dans un hôpital parisien pour une autre consultation auprès d'un autre professeur en neurologie. Personne ne m'avait toujours clairement dit ce qu'il allait advenir de moi. Diagnostic : double zéro.

Je me souviendrai toujours de ce matin-là. La maladie avait déjà sérieusement grignoté le côté gauche de mon corps, ma masse musculaire dégénérait, et mes forces fondaient comme beurre au soleil. Marcher était devenu infernal. En raison de mes précédentes expériences catastrophiques avec le corps médical, j'étais blasée et n'attendais pas grand-chose de cet énième rendez-vous. En même temps, il faut bien l'admettre, j'étais terrifiée à l'idée d'entendre enfin le « bon mot » pour qualifier tous mes maux. Les nerfs à bloc et l'œil vitreux, j'ai pénétré dans le cabinet du professeur Meininger. Mes yeux sont tombés dans les siens. En une seconde, j'ai compris. La page des affreux jojos était définitivement tournée. Les ex-premiers de la promo qui jettent un coup d'œil furtif sur leur Rolex pour voir si le temps de la consultation est par hasard dépassé, les infirmes de la délicatesse et autres jurassiques docs pouvaient remballer leur « science » et envisager une reconversion dans la poterie ou le macramé. J'avais devant moi un être humain, un médecin certes, mais surtout un homme qui connaît le drame de la maladie.

Il a rapproché sa chaise de manière que nous soyons littéralement nez à nez. La fatigue du voyage, ma phobie de l'hôpital, l'appréhension de rencontrer un nouveau praticien et, surtout, l'imminence d'un diagnostic m'avaient complètement tétanisée. Il m'a murmuré pudiquement : « détendez-vous ». Une intimité s'est créée. Il était concentré et silencieux. Il m'a juste posé quelques questions, simples, auxquelles je n'ai pu répondre que par des petits « oui » et des petits « non » tellement j'étais flippée. Il ne s'en est pas formalisé. Il m'a auscultée longuement, scrupuleusement et avec une douceur infinie, comme un bon-papa. J'ai pris conscience qu'il devait régulièrement effectuer les mêmes gestes dans un souci de respect envers le malade. Pour la première fois, je découvrais une source vitale nichée au creux du médical.

Silence.

Silence hitchcockien.

So quiet (Björk).

Cabinet cathédrale. Vieil hôpital de l'Assistance publique qui résonne, et point de bénitier. La maladie se confesse presque d'elle-même. Je suis bien disposée. Je suis toute ouïe.

— Vous avez une forme de sclérose latérale amyotrophique.

C'était lâché ! Il me l'a dit en face, doucement, le regard enveloppant. Et, je n'ai pas cillé. Très vite, il a enchaîné, m'a révélé tout ce qu'il savait sur cette affection neurologique, son historique, les évolutions possibles, les recherches qui préparent l'avenir, les thérapies actuelles. Après des mois et des mois de voyages « intergalactico-neurologiques », ce professeur a été le premier à me révéler le mal dont je souffrais exactement. L'honnêteté médicale était, enfin, à l'ordre du jour. Il m'a immédiatement expliqué de quelle manière il souhaitait me prendre en charge et, avec des mots très prudents, il a évoqué la probabilité de « l'installation définitive de la maladie ». Sans éradiquer le mot « espoir ».

J'aurais pu dégouliner par terre comme

une glace à l'eau un jour de canicule. Au contraire et étrangement, je me suis sentie « soulagée ». Malgré une annonce *a priori* désespérante, ce contact m'avait réchauffé le cœur. Je sentais du fond de mes entrailles qu'il allait s'occuper de moi et de ma pathologie, que désormais, je pourrais m'adresser à quelqu'un qui prêterait une attention toute particulière à ce que je lui dirais, à ce que je ne lui dirais pas. Outre sa compétence, il m'a offert des mots : avoir confiance, tenir tête, se réjouir, rester vivant. Les mots sont censés ne jamais se perdre. Si je m'étais enfoncé la tête dans le sable auparavant, connaître le nom de la maladie m'a donné une impression de faire face [1].

Je suis repartie avec une prescription de médicaments dits d'approche, car sur ce point aussi il avait été clair : les thérapies

---

1. Récemment, je suis tombée sur la traduction de « faire face » en anglais : *Fight the right enemy.* « Ne vous trompez pas d'ennemi » en bonne version française. J'ai trouvé l'expression intéressante.

étaient à peine embryonnaires. N'oubliez pas, c'était il y a quinze ans. Depuis, j'ai rencard tous les deux ou trois mois à Paris pour mes consultations et aujourd'hui, je « participe » à un protocole d'essais associant deux nouvelles molécules. La recherche avance, mais comme toutes les recherches médicales, elle est toujours trop coûteuse, trop longue, trop ingrate, trop insupportable. Évidemment, je réagis avec exagération comme tous les malades. Je suis une patiente impatiente, je veux tout, tout de suite. Et si je ne crois pas en Dieu, je veux laisser la part belle aux miracles. J'ai l'intime conviction que chacun est susceptible de créer l'événement, son propre avènement. Je rêve que, d'un coup de baguette magique, la fée Clochette me recouvrira de sa poudre de merveilles, et me guérira de cette cochonnerie de SLA, comme ça, maintenant, immédiatement, *right now*.

Pour éviter de dériver trop souvent dans un monde sublime et pailleté à la Walt Disney, je cherche les Rampes.

La Rampe-boulot

Travailler est un immense cadeau. Qui a dit que conjuguer maladie et boulot était impossible ? Le travail occupe tellement de place et de temps dans la vie d'un être humain que l'on est, de toute façon, obligé d'affronter toutes les situations. Même les pires. Quand une maladie grave se déclare, plusieurs choix sont possibles. On décide de se battre de front en congelant toute activité socioprofessionnelle préexistante et c'est : « Congés maladie obligatoires ». Ou alors, on zappe, on coche la case « travail plus maladie ». J'ai choisi cette option. Certains y verront un excès de fierté bien mal placée. C'est sûrement vrai. Je suis une orgueilleuse, une ambitieuse et... j'assume. Quoi qu'il en soit, le boulot a été l'une de mes premières *Rampes*. Et quelle *Rampe* ! J'ai travaillé avec la SLA pendant six ans. Du premier jour où j'ai commencé à boiter jusqu'au dernier où, avec une seule phalange, je mettais une heure à taper une lettre sur le clavier de mon ordinateur.

J'occupais un poste d'encadrement au sein d'une entreprise au top du domaine des transmissions de données. C'était une fonction valorisante, gratifiante et riche en contacts internes et externes. Plus précisément, j'avais pour mission d'organiser, de planifier et de gérer toute la formation professionnelle pour plusieurs centaines de personnes, tant au niveau financier qu'au niveau pédagogique. Intégrée dans l'équipe de la direction des ressources humaines (j'étais DRH-chieuse quoi !), je devais assurer auprès de cadres sup, moyens et de pas cadres du tout. Anglais *native*, mégatop management, maîtrise des réseaux informatiques... il me fallait trouver des stages béton avant même de les chercher. J'avais un rôle non négligeable pour la compétitivité de mon entreprise, et je devais toujours être pimpante, disponible et pro. Bref, j'étais une *working girl* dans toute sa splendeur.

Si je me suis beaucoup investie, j'ai également appris que s'occuper de trouver des solutions aux problèmes des autres était un exercice excellent pour oublier ses propres déboires. Tout le monde a besoin de reconnaissance, de récompense, de sollicitude. Et, dans la vie professionnelle, cela peut passer par la formation. Qu'il s'agisse de besoins réels pour la tenue de leur poste, de l'envie d'un cadeau, d'un merci, d'un *break*, ou tout simplement d'une « valeur ajoutée », j'ai souvent dû me transformer en assistante sociale. Au cours de la conversation, les stagiaires potentiels finissaient régulièrement par se répandre sur un chef de département caractériel, un conjoint qui venait de démissionner du couple, des enfants trop épuisants, une belle-mère forcément tyrannique ou une dépression nerveuse au bord du gaz. Partir en formation signifiait pour eux : fuir le quotidien et avoir un peu la paix ; loger dans un charmant hôtel – je me débrouillais pour leur trouver un centre de thalasso proche ou, pour les filles, un endroit shopping en plein centre de Paris – être servi à (une bonne) table ; apprendre d'autres choses avec d'autres gens dans un autre cadre. Noël en juillet ! Ils revenaient sourire aux lèvres, gratifiés. Moi aussi. Plus « riches ». Moi aussi. Et, je me suis dépensée sans compter.

Régulièrement, je me déplaçais à l'agence de Paris. Avec un collègue, nous partions dès l'aube pour un aller-retour dans la journée. Des moments délicieux, où tout le monde s'affairait autour de moi et voulait m'inviter à déjeuner. Outre cet accueil « petite princesse », je rencontrais des personnes qui reconnaissaient mes compétences et qui m'accordaient, toutes, leur confiance. Je revenais éreintée mais à aucun moment, je n'avais pensé « SLA ». Bien fait pour elle !

Il faut reconnaître que j'ai eu la chance de travailler avec des gens formidables.

On dit souvent que la terre est peuplée de cons, pourtant, moi, pendant toutes ces années et à deux exceptions près, je n'ai rencontré que des êtres exquis. Quand on est au boulot et qu'on souffre d'une maladie aussi raide que la SLA, les collègues copines et les collègues copains sont comme des tranches épaisses de pain bénit. Dès mon arrivée, tout le monde me sautait dessus : bisous-bisous, coucou en passant, bêtises de filles à propos de tout et de rien, « Pétasses FM » sur les derniers scoops à propos de l'amant de la maîtresse de l'ex-directeur de la boîte Machinchose, nos ovaires dans le chignon, les gosses qui nous mettent à plat, nos mecs et nos amants (pour celles qui en avaient) qui nous font chier et, surtout, caqueter sur les jolies petites gueules (masculines) récemment embauchées. Tout cela paraît tellement futile, mais la légèreté de nos propos était le plus souvent synonyme de bonne journée. On riait de nos conneries, ça partait dans tous les sens, et la liesse était au rendez-vous.

Qu'il est doux de dire des bêtises et que la frivolité est miel, alors que la vie ne l'est pas. Rire pour de faux ou pour de vrai, rire pour rien. On biche, on glousse, on chafouine, on se masse les viscères et le plexus sans fournir d'effort particulier, ça chatouille la gorge – ne dit-on pas « rire à gorge déployée » – et jaillit sous forme de délicieux décibels. C'est l'enchantement pour celui qui rit, et la « communication communicante » – terme marketing très apprécié au sein de mon entreprise – pour celui qui l'entend. N'en déplaise à cette confrérie monastique du film *Le Nom de la rose* qui certifiait que le rire donnait à l'Homme un rictus bestial, le rire est bien le propre de l'Homme. Et en toutes circonstances, je confirme ! Plus la maladie avance, plus j'ai envie de me marrer. Tout fait mouche. Parfois, j'en suis même gênée car, dès que je commence à rigoler, j'ai beaucoup, beaucoup de mal à redevenir sérieuse. Rire est une DÉDRA-MATISATION de la vie. Les pagnolades sont aussi indispensables que l'oxygène.

Comme dans cette séquence du film *Naïs* (réalisé par Marcel Pagnol justement) au cours de laquelle l'infirme, interprété par Môssieur Fernandel, explique que « avoir tout le temps envie de rire, c'est peut-être ne pas avoir tout le temps envie de pleurer » et ajoute, en se moquant de lui-même, que « les bossus sont des anges qui cachent leurs petites ailes dans leur dos ». Dans l'autodérision ou au bord du canyon, l'humour fait passer. Les inspirations/expirations de jovialité font partie intégrante de la conscience humaine, de ses pouvoirs d'âme vivante, vibrante, réactive. L'humour sucre. Il assagit. Il désarçonne. Il est confortablement installé dans notre empreinte cellulaire.

Ainsi, tous ces gens qui m'entouraient au travail ont apporté leur brique au fragile édifice de la tenue de mon poste. Ils ont joué la carte de la confiance, de l'amitié, du soutien psychologique et professionnel. Tout le monde m'a portée à bout de bras pour que je réussisse. J'ai été gâtée, dorlotée, choyée, séduite… Comme rarement on peut l'être. Et pourtant, chaque jour aurait pu s'appeler : « Waterloo, morne plaine ».

Depuis les premières secondes du réveil jusqu'à l'arrivée à l'entreprise, il me fallait deux bonnes heures pour me préparer et être à peu près potable afin d'assurer ma journée de boulot. Je me faisais un point d'honneur à embaucher le matin, fraîche, vêtue de charmante façon, les lèvres délicieusement peintes de mon rouge favori qui sent la rose de Bulgarie, le corps imprégné d'Huile précieuse de Shalimar, le chemisier savamment entrouvert sur une lingerie affolante, et un sourire[1] obligatoirement plaqué sur le visage. Au boulot, comme dans la vie de tous les jours, il était essentiel – ESSENTIEL – que j'accroche le premier regard sur mon glamour et surtout pas – SURTOUT PAS – sur ma SLA. Même si la plupart de mes proches, amis, collègues ou interlocuteurs

1. « Le sourire est la prière de chaque petite cellule » (Gitta Mallasz, *Dialogues avec l'ange*).

connaissaient mon état de santé, je tenais par-dessus tout à évoluer, à déambuler comme une femme bien vivante qui sait bien se tenir. Faire face. Toujours faire face.

Techniquement, je m'arrangeais pour utiliser de manière optimale tous les outils mis à ma disposition : téléphone, fax, ordinateur... Il fallait néanmoins assurer une présence physique auprès de mes collègues, mes supérieures et toutes les sociétés extérieures avec lesquelles je travaillais. Ainsi, il m'est arrivé à maintes reprises d'organiser de grands meetings lors desquels je devais intervenir oralement et afficher une prestation parfaite. Ma devise, ultrabasique j'en conviens, était : « Une réunion préparée est une réunion gagnée ». Imaginez un peu : une grande salle avec vingt-cinq personnes qui vous regardent, qui vous écoutent et vous jugent peut-être. Bien des jours à l'avance, je me préparais à cette épreuve. Je m'arrangeais pour rentrer dans la salle en même temps que d'autres collaborateurs, afin que mon auditoire regarde le moins

possible mes jambes vacillantes. L'estomac plombé, je commençais mon *speech*
en prenant soin de ne pas trop me déplacer, car j'avais toujours l'impression que
tout le monde avait les yeux scotchés sur
mes pattes folles attendant le moment où
je me casserais la figure. Évidemment, à la
fin de la réunion, j'étais obligée de rencontrer tous ces gens et, à cet instant, mon
handicap était parfaitement visible. Mais
l'essentiel était derrière moi, j'avais AS-SU-
RÉ. Nom de Dieu, à quel prix ! Pour mes
rendez-vous en tête-à-tête, nous avions
imaginé, ma collègue et moi, un système
pour que j'en bave un minimum. Elle
m'installait derrière un bureau et introdui-
sait le visiteur directement face à moi. Je
n'avais ni à me déplacer, ni à me lever. J'ai
appliqué tous ces subterfuges presque
quotidiennement pendant des années.

Le boulet de la SLA, celui qu'on traîne
inlassablement, c'est la fatigue. Une
fatigue plus lourdingue que Jean Valjean,
Cosette et les Thénardier réunis. Une
fatigue inconnue auparavant et désormais

obsédante, fracassante, résonnante, récur-
rente. Après une journée de taf, elle me
jetait sur mon lit, sans un souffle, à demi
évanouie, évanescente et transparente
comme l'ombre de mon doux fantôme.
Avoir la SLA, c'est en permanence « marcher sur trois pattes ». On se sent comme
une voiture en bout de course, constam-
ment en sous-régime, comme si la tête de
Delco était totalement foirée. Peu à peu,
j'étais devenue 2 CV et pourtant, je me
vivais Pontiac.

L'idée même de penser qu'une nuit de
sommeil sera réparatrice est un doux
euphémisme. La SLA vous exténue, mais
cette vicieuse vous rend insomniaque. Je
ne peux plus compter toutes mes nuits
passées à essayer de trouver le sommeil.
Comme souvent, il survenait vers 5 heures
du matin et le réveil sonnait à 6 h 30. Se
lever pourrait être inscrit dans le *Guin-
ness des records*. Tout l'acquis de la veille
disparaît. En effet, bouger sa masse
musculaire, marcher tant bien que mal,
s'agiter réchauffent les muscles et les

articulations. Du coup, en fin de journée, je me sentais certes lessivée, mais moins rouillée. Au petit matin, remise à zéro du compteur. Je devais tout recommencer avec en prime, à cause des insomnies, une tête tout embrouillée. Au saut du lit (façon de parler), j'étais livide et mes yeux étaient explosés comme si j'avais bu toute la réserve de gin d'une boîte branchée de Saint Trop' et mené une vie de patachon jusqu'au bout de la nuit. Imaginez-vous une seconde après une rave « techno hardcore » : après s'être *extasié*, avoir dansé et « fumé » toute la nuit, on se réveille tard dans l'après-midi avec le cerveau quasi siliconé. Moi, tous les matins.

Mais, lorsque j'étais prête, toute la machine ronflait de nouveau à merveille et je pouvais assumer ma journée de travail.

Loin d'être une adepte du stakhanovisme, le travail m'a supportée[1] pendant

---

1. Du verbe supporter – en français dans le texte – et du verbe *to support* – en anglais dans votre dictionnaire.

des années. C'était une forme de survie. Tant que j'étais au boulot, la prise de conscience de la SLA, la souffrance, la dégénérescence étaient exclues et, mis à part l'amour de mes proches, c'était un philtre magique peut-être plus efficace finalement que les comprimés du matin labellisés Rhône-Poulenc. Je me répétais sans cesse : « Tant que je suis socialement opérationnelle, tout va bien. »

L'entreprise est un microcosme constitué d'hommes et de femmes qui ont tous, quelque part, une croix à porter. Ils la traînent plus ou moins longtemps. Elle pèse plus ou moins lourd. C'est tout.

De la Rampe-canne
à la Rampe-fauteuil

J'ai travaillé et boité en même temps.
J'ai aussi commencé à me casser la
figure. Le nombre de mes chutes s'accu-
mulait. D'abord en marchant, puis en
descendant les escaliers. Un risque vital
me frappait de plein fouet. C'est ainsi
que, de gamelles en hématomes et bosses
diverses, j'arrivais doucement mais sûrement à l'épisode poignant de la *Rampe*
canne-parapluie.

Dans le cadre de mon boulot, je fus sol-
licitée pour un stage « Communication en
entreprise ». La session durait trois jours,
surtout elle avait lieu à Paris. J'acquies-
çais évidemment, ravie d'aller changer
d'air (pollué, mais air quand même).
Même avec ma « patte folle qui traîne »,

je me sentais tout à fait le courage de prendre le TGV, de profiter de cette formation et de deux soirées parisiennes. Pourtant, je le répète, je boitais salement et j'étais séchée de fatigue. Au cours d'un déjeuner familial, j'ai annoncé à ma grand-mère mon prochain séjour parisien. J'ai senti son regard empli d'une délicate sagesse se poser sur mes pas. Au moment de nous quitter, elle m'a embrassée et m'a tendu sa canne-parapluie en disant : « tiens, prends-la ! Au cas où tu aurais mauvais temps... » Accord parfait entre les générations, tout en pudeur.

Ni vue ni connue, je me suis servie de sa canne-parapluie pour déambuler presque normalement. Tous les gens croisés au cours de mon séjour n'y virent que du feu. Tant mieux ! Pas envie de raconter mes malheurs. Autre chose à faire. Focaliser mon attention sur le contenu du stage, m'entretenir à bâtons rompus avec tout le monde. À la vue de ma canne-parapluie et de ma démarche bizarre, certains ont dû s'imaginer que je me remettais d'un récent accident. Cela me suffisait. Je voulais bien faire avec. *That's all !* Au troisième jour du stage, l'animateur était absent. J'aurais pu reprendre le train, mais j'avais prévu, coûte que coûte, de passer mon week-end à Paname. Pas question de perdre une telle aubaine, je comptais bien me ménager cette petite journée de liberté grappillée au capitalisme de manière fort sympathique. Je me suis donc glissée dans un taxi, direction : « Ohhhhh ! Champs Z'Élysée. Padadadada... » Il était neuf heures du matin, « la plus belle avenue du monde » était presque déserte. Je me suis arrêtée un instant et j'ai regardé autour de moi : Paris était à moi seule, avec ma canne-parapluie et ma SLA en bandoulière certes, mais à moi toute seule. C'étaient les premiers jours d'avril – ciel bleu nursery, soleil chafouin – l'air était ravissant et j'étais d'une humeur de rose. J'ai commencé à flâner le museau en l'air, les yeux par-dessus les toits en fredonnant

À *Paris* d'Yves Montand. J'arpentais les Champs de long en large, en prenant soin de m'arrêter devant chaque vitrine. C'était trop bon pour la *fashion victim* que je suis. Histoire de marquer le coup, je me suis déniché une sublime paire de pompes chez Heyraud, et la vendeuse, adorable comme tout, m'a proposé de garder mon barda pour l'après-midi afin que je puisse aller tranquillement me mater *Les Ripoux 2* au Gaumont du coin. Les Parisiens désagréables ? N'importe quoi ! Je n'ai rencontré que des gens serviables, souriants, charmants, qui m'ont aidée à me dépatouiller avec ma valise et mes menus achats au cours de cette délicieuse journée. De retour à la maison, il pleuvait des cordes. L'alibi de la canne-parapluie tombait à pic. Personne ne s'en est étonné. La météo s'est améliorée, et j'ai conservé cette béquille de fortune. Car plus les jours passaient, plus mes jambes me lâchaient et plus personne n'était dupe (moi y compris). Je me rendis à l'évidence que prendre appui sur une canne était devenu une réalité définitive, incontournable. J'ai restitué sa canne-parapluie à ma grand-mère. Elle n'a rien dit. Il y a des jours où il faut choisir sa couleur préférée. Ce jour-là, nous avons choisi celle du silence. Le lendemain, sur un coup de tête (un chouïa avisé), j'ai filé m'acheter une vraie canne. Il ne fallait plus réfléchir, ni même hurler à la mort comme une petite louve, j'ai choisi la canne et… j'ai fermé ma gueule ! En sortant, je me suis regardée dans la vitrine. J'ai aperçu l'image chancelante d'une trentenaire avec un minikilt ras la touffe qui marchait avec une canne hideuse. Étais-je diabolique ou indécente ? Les deux, sans doute. La femme est diabolique. Docteur Freud et les Pères de l'Église sont bien d'accord là-dessus, non ?

À compter de ce jour, dès que la SLA me lardait, je me forçais à me répéter inlassablement la phrase de mon héroïne préférée, Scarlett O'Hara – Vivien Leigh dans *Autant en emporte le vent* : « J'y penserai demain, sinon je vais devenir folle. » Elle prononce ces mots à la fin du film lorsque Rhett Buttler (Clark Gable) la quitte et qu'elle se retrouve seule dans son domaine de Tara. Vous vous souvenez de cette scène, forcément.

Le temps a passé.

Je continuais à travailler comme une cinglée et à prendre ma voiture tous les matins. Pouvoir conduire m'a énormément aidée. C'était véritablement synonyme de liberté. Je pouvais me rendre d'un lieu à l'autre sans l'aide de personne. Une vraie puce ! Quel pied ! Quelle *Rampe* ! En dépit de mes difficultés physiques, conduire (du moins au début) ne m'était pas trop pénible. De toute façon, j'adorais ça. Surtout l'été. J'ouvrais les vitres en grand, l'air chaud s'engouffrait, tourbillonnait et soulevait ma robe légère découvrant mes jambes nues, tandis que je me repassais en boucle sur l'autoradio mes morceaux préférés (ils le sont toujours) :

I wanna be loved by you (poupou pidou…) de Marilyn Monroe et *Barbara* d'Yves Montand [1]. C'était doux. Encore une autre façon de faire la nique à la SLA. Je pensais : « Tant que tu peux conduire… »

Et puis, il y a eu ce terrible matin d'hiver franchement très « aglagla ». La campagne était raide gelée. Un froid comme je les déteste, un froid qui me plante un pieu à vampire au creux du cœur et me transperce les os jusqu'au fond des larmes. Même bien couverte et le chauffage allumé plein gaz, mes muscles étaient tendus comme une sagaie. J'avais un mal fou à tourner le volant et j'avais hâte d'arriver à bon port. Un feu est passé au rouge, mon estomac s'est vrillé et j'ai eu grand-peine à appuyer sur la pédale de frein. Il n'y a pas eu de dégâts matériels, juste une violente prise de conscience. Si je ne pouvais plus freiner, je devais arrêter de conduire.

---

1. Toute analogie avec le destin (croisé) de ces deux monstres sacrés est bien évidemment fortuite.

Immédiatement. Une autre *Rampe* venait de m'échapper. Trop longtemps, j'avais voulu continuer à croire que c'était plutôt pas mal de pouvoir conduire. Être encore et toujours cette *lady* qui déboule pied au plancher tel Vatanen dans le parking de l'entreprise pour aller bosser comme une folle quelquefois tard dans la nuit. J'étais dans l'erreur. C'était un leurre. J'étais sourde devant la réalité. Mille fois j'aurais pu me tuer. Pire, tuer des gens sur ma route. J'étais un danger en puissance et j'avais refusé de me l'avouer et de l'admettre. Dieu m'est témoin (enfin, c'est lui qui voit !) que des mois et des mois après, je m'en suis voulu à mort de cet entêtement. Mais à l'époque, prendre ma voiture signifiait tellement que « je pouvais encore », que « je me battais », que « la SLA ne m'aurait pas sur ce coup-là ». Lorsque la vie nous pique, n'est-il pas légitime de vouloir tromper l'ennemi ? Un petit peu quand même, non ?

Cesser de conduire a été pour moi une sanction injuste, insupportable et, hélas, irréversible. Une fois encore, la maladie avait dégainé genre Smith & Wesson. Je me serais roulée par terre pour passer outre. Pourtant, comme Vercingétorix à Alésia, j'ai rendu les armes. Le cœur serré et la mort dans l'âme, j'ai bazardé ma bagnole. De rage, j'ai tout flambé et me suis offert le voyage de ma vie : une semaine en Floride. À mon retour, mi-consolée, mi-pleurnicheuse, j'ai loué les services d'une société de transport qui conduit les personnes invalides à leur lieu de travail. J'ai pensé : « Tant que tu travailles… »

Mes forces se dépréciaient. Même avec l'aide de ma canne et de mes collègues, je marchais comme un crapaud (joli, mais crapaud quand même). Épuisée à force de vouloir tirer sur ses muscles continuellement, le jour arrive où il faut se violer le cervelet et acheter un fauteuil roulant. Sinon, on claque !

Être en fauteuil roulant est quand même une *Rampe* et je la tiens fermement. C'est encore un trait d'union possible avec le « monde valide », même si notre environnement est LAMENTABLE-MENT inadapté. L'insertion des handi-capés et des exclus est toujours « le lapin du chapeau » préféré de nos hommes politiques, mais le plus dur reste à faire. Et, au niveau des mentalités, rien n'a bougé. Un jour, une personne est venue sous mon nez occuper une place avec le logo « handicapé ». Je lui ai fait part de mon courroux. Sans scrupule, elle m'a rétorqué : « Restez chez vous ! » Après cela, je vous jure, on peut tout entendre. N'importe quelle méchanceté et/ou bêtise à l'état pur. Et puis, on préfère oublier, ou pardonner. En tout cas, on a autre chose à faire qu'à dépenser le peu d'énergie qu'il nous reste pour des *fucking bastards*.

Les Belles Âmes

Après les vils esprits moyenâgeux, les anges. Ou les Belles Âmes.

Pour commencer, Patricia. Ma première *SLA-sitter*. Sublime Patricia. Plantureuse à souhait et l'humour de Coluche. Je l'avais d'abord embauchée pour s'occuper de mon fils après l'école, mais très vite, elle s'est plus occupée de moi et de mon handicap. Elle était vive comme un pinson, sans tabou, glamoureuse comme moi. Nous sommes rapidement devenues une paire d'amies et nous dérapions à mort. C'était une amitié de vraies copines. Notre point d'honneur était la dérision. Nos moqueries ciblaient le monde entier. Nous avions également la main lourde sur nous-mêmes. Sans complaisance. On se disait tout, même les trucs les plus *trash*. Quand elle me récupérait après le boulot, où j'avais déjà bien fait l'andouille, nous redémarrions au quart de tour avec d'autres bêtises. C'étaient des fous rires qui duraient des heures, rien qu'en se regardant. Des fous rires déraisonnables, insolents, implacables. On passait des soirées « hommes interdits » à la maison, à s'occuper l'une de l'autre, à se ravaler nos petites façades, à se manucurer, à comparer nos sous-vêtements. On buvait (un peu), on fumait (de tout). De temps en temps, l'après-midi, on s'amusait à se balader en ville, surtout l'été, sans culotte. Douce folie. Le plus beau des médicaments.

Un soir, elle m'avait accompagnée à une petite sauterie professionnelle qui se déroulait dans une salle de réception à l'intérieur de l'usine de production. Nous sommes reparties après minuit, un peu ivres. Il n'y avait plus un chat, alors pour aller plus vite, nous avons traversé les chaînes de fabrication pour rejoindre son véhicule. Nos rires retentissaient dans ce grand hangar désert. Je la reverrai toute ma vie imiter, avec le son et les gestes, Josiane Balasko en majorette sur un parking dans *Nuit d'ivresse*. Un autre soir, en rentrant du restaurant, un peu éméchées également, nous avons été prises d'un incontrôlable fou rire d'origine totalement inconnue. Elle me poussait en fauteuil et cette hilarité m'a tellement tordu les boyaux que... j'ai inondé mon brésilien ! Toujours claquées de rire, nous laissions une traînée de pipi derrière nous à mesure que nous avancions.

Mais j'avoue, les yeux baissés, que notre principale cause de fou rire, c'était les mecs et le cul. Parfois, nous nous mations des cassettes pornos. Elle, pour la fleur de sa jeunesse et moi, pour me changer un peu de l'ordinaire. On se foutait de la gueule façon Deschiens des acteurs qui avaient la chance (ou la malchance) d'avoir des membres monstrueux (parce que dans la vraie vie, c'est bien différent). De même, nous rentrions dans des délires typiques de filles, sur des sujets « profonds » et hautement « philo-sophiques », du style : « J'avale ou j'avale pas ? » *VE-GRA !* Avec Patricia, nous par-lions rarement de ma maladie. Elle aussi occultait. Elle a tout de suite saisi ma manière de fonctionner et je lui en serai éternellement reconnaissante. L'amitié n'est ni plus ni moins qu'un amour inhibé. Lorsque j'ai des amis, je ne sou-haite pas qu'ils soient tracassés par mes soucis. Parler de ma maladie avec mes vrais amis ou mes proches, c'est ne pas les aimer. Malheureusement, même si on les aime, il y a des jours où ça gicle ! Lar-moyer ne m'est, en l'occurrence, d'aucune utilité. Je veux simplement qu'on m'aime comme je suis.

Et puis il y a eu Brigitte. Merveilleuse Brigitte. Lumineuse Brigitte. Elle a été ma collègue, mon amie et une *Rampe* for-midable, vitale pendant toutes ces années où je me suis battue pour travailler décemment. Brigitte, qui voit tout, qui sait tout, mais qui ne dit rien. Elle m'a portée à bout de bras, jusqu'à mon dernier jour de travail. Généreuse et dévouée Brigitte, qui m'aidait pour aller aux toilettes, effectuait pour moi les gestes intimes de base, me rhabillait sans sourciller et en conservant toujours ce même sourire qui détrône haut la main celui de la Vierge Marie. Brigitte, qui venait une demi-heure plus tôt au boulot pour nettoyer mon siège de travail, à cause d'un fou rire intempestif de la veille qui avait débordé. Un symptôme monstrueux parmi tant d'autres de la SLA, un morceau de la dignité d'une femme qui fout le camp.

Heureusement, avec l'aide de mon kiné Arnaud, encore une belle âme, je travaille l'entretien de tous mes muscles, et j'ai réussi à contourner bien des horreurs. Arnaud a toute la douceur d'un frère princier. Il palpe ma masse musculaire si moche, si maigre, mais il le fait avec des mains chaudes et rondes comme si j'étais un *top model*. Avec lui, tout est très vite dédramatisé, parce qu'on n'arrête pas de dire des bêtises. Et grâce aux bêtises, la séance est gagnée d'avance. Non, la maladie n'a pas tous les droits !

Enfin, il y a mon doc Philippe, beau gosse aussi, qui sait où est l'écueil, qui me prend dans ses bras et me murmure à l'oreille des mots soufflés comme à un nouveau-né ; le professeur Meininger qui me glisse habilement lors de la consultation : « Vous êtes superbe, comme d'habitude » ; mon infirmière imperturbablement disponible ; mes *SLA-sitters* délicieusement attentives ; et toute ma famille réunie qui s'active autour de moi pour me rendre la vie plus douce. Oui, les Belles Âmes existent ! Je les ai rencontrées. Elles détiennent le secret de la recette de la potion d'Amour. Et ces personnes extra-ordinaires peuvent tout aussi bien être muettes. Avec elles, la force du silence est d'une redoutable efficacité. La luminosité de la prunelle, l'effleurement tactile peuvent instantanément être décodés pour éviter les crises de larmes, les formules toutes faites, les banalités d'usage en face de la maladie, la pitié. La pitié n'a aucun avenir. Le cri du silence est le plus fort. Même au-delà de l'insupportable, j'utilise cette force.

Il y a eu tellement de personnes dans mon entourage professionnel ou privé, qui m'ont flattée, admirée, chouchoutée, que je ne peux m'empêcher de penser qu'elles ne voyaient effectivement que ma personnalité et succombaient à mon pouvoir de séduction. Eh oui, aussi incroyable que cela puisse paraître, je n'ai jamais été autant courtisée que depuis que je suis malade. Et tous les doux baisers que j'ai reçus n'avaient rien de compassionnel, vous pouvez me croire ! Cela signifiait – et cela reste vrai aujourd'hui – que j'étais deux fois plus vivante, et surtout que ma maladie n'était pas ciblée en premier. Je me sentais femme avant tout.

Merci aux Belles Âmes d'hier, d'aujourd'hui et d'après-demain.

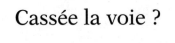

Cassée la voie ?

À cause des dégâts causés par la SLA, presque naturellement, j'accède à d'autres centres d'intérêts. Certains politiciens à bout de poudre aux yeux en font un fromage en appelant cela : « Culture », histoire de gonfler leurs programmes le plus souvent navrants. Pour deux sous troués, tout homme apprend pourtant que chaque nouvelle information cognitive enregistrée par le cerveau devient instantanément « Culture ». La Culture, c'est d'abord être vivant et utiliser ses sens. Et, sens oblige, j'ai eu un *love at first sight* au cours d'une période de convalescence, après une ponction lombaire censée me révéler l'origine de mes premiers symptômes.

J'étais bloquée au lit, malade comme un chien. Par hasard, j'ai vu à la télé *Carmen* de Bizet. J'ai reçu une véritable décharge. Avant d'être malade, je n'aimais pas du tout l'opéra, voire je détestais carrément le gang des Callas, divas et autres Castafiore. Leurs voix m'agaçaient. Et si je n'étais pas tombée sous le joug de la SLA – j'ignorais à cette époque ses possibilités de ravages sur ma voix –, je serais passée à côté toute ma vie. Fatalité, j'ai eu ce coup de foudre prémonitoire et, en « cadeau Bonux », au même moment, j'ai rencontré une chanteuse soprano. Un soir, elle est venue dîner, et j'ai eu l'immense bonheur de l'entendre chanter *a capella* rien que pour moi.

Tout est une question de tripes. C'est viscéral, les chanteurs évacuent une énergie qui bouleverse, bouscule les plus intouchables. Ils gueulent à notre place l'injustice qui écartèle, l'amour qu'on ne sait pas dire, la haine dissimulée. Les voix d'opéra lissent l'humeur et apaisent le chaos. À présent, je sais écouter toutes les voix.

Et pourtant.

Comme toi, cher Patrick, moi aussi un jour, j'ai cassé ma voix. Peut-être pas pour les mêmes raisons ? Ou pour les mêmes ? Comment cela, quel Patrick ? Mais, il n'y en a qu'un ! Je l'accorde, je le reconnais : je suis DÉFINITIVEMENT amoureuse de Bruel. Dans la vie, on a tous son chouchou, non ? Et puis, ironie du sort, au moment où il a sorti la chanson *Casser la voix*, j'ai cassé la mienne. Je me revois encore la chanter (faux) en hurlant à tue-tête dans ma voiture en allant au boulot : « CAAAASSER LAAA VOOOIIIX ! CAAAASSER LAAA VOOOIIIX ! » Avant.

J'avais de sérieuses raisons de me la casser ma voix, en pensant à l'horreur de toutes les années précédentes et à l'intolérable qui allait suivre. C'était une période où je m'attelais farouchement à faire avancer le machin en tentant notamment de faire passer des idées très précises (les miennes !) au niveau formation professionnelle. Pour éviter de m'épuiser à taper des notes de synthèse des heures durant sur mon clavier d'ordinateur, je fonctionnais au maximum par téléphone. Je réussissais encore à travailler sur mon PC, mais mes doigts suivaient de moins en moins. Pas (trop) grave, j'adorais papoter.

La voix est un morceau de choix chez l'être humain. Sans parler du chant – oh mon cher Patrick ! – c'est souvent le premier véhicule qui porte la personnalité. Il est relativement facile de détecter le caractère de son interlocuteur au tout premier éclat de voix. Elle peut être virile, outrageusement féminine, sexy, angélique, tonitruante, feutrée, éraillée, québécoise... elle nous délivre aussitôt un message, que seuls les imbéciles n'arrivent pas à décoder. La voix est un atout. Il faut en user, en abuser. La voix est notre miroir, là, tout au fond de la gorge. Alors, quand elle prend la poudre d'escampette !

Je l'entends encore très distinctement, lorsqu'elle m'a lâchée la première fois. Il était tard ce soir-là, j'avais dû, comme d'habitude, travailler tel un bœuf au labour, et je bavardais au téléphone avec un ingénieur commercial de Paris quand j'ai prononcé un mot qui s'est « nasalisé ». Comme si, d'un seul coup, j'avais attrapé un gros rhume. J'ai répété le mot convenablement. Bon, il n'y avait pas de quoi fouetter une chienne ! Pardon, un chat ! Quelques semaines plus tard, l'incident s'est renouvelé. Bientôt, un mot sur trois se déformait à l'intonation. Tout le monde me disait : « rohlala, toi et ton rhume ! » Je n'étais « bas enrhubée ». Moi seule le savais. Un pic à glace, pire que celui de *Basic Instinct*, m'avait depuis longtemps transpercée. La SLA s'attaquait aux muscles des cordes vocales et de la zone bucco-pharyngée. Je m'appliquais alors à articuler et à choisir les mots qui me trahiraient le moins possible à l'oreille des autres. Je devins spécialiste des phrases courtes et j'éliminais autant que possible les sons en « an » ou « on » qui passaient particulièrement mal phonétiquement. J'ai fait des économies de mots. Peine perdue, je devais parler. De toute façon. Pour mon boulot, ma reconnaissance sociale, ma personne. Ma voix devait persister intacte, à tout prix. J'ai crié : « Halte au feu ! » Mais les pompiers étaient en grève. Cette pouf de SLA m'avait cette fois encore coiffée au poteau. Qui de nous deux gagnera ?

Le son de ma voix s'étiolait et moi aussi. Rivaliser pour conserver sa parole est affaire de gladiateur. On veut, on veut, à en hurler, mais ça sort déformé, lacéré, flou, inaudible, inhumain. Dans ma tête, perdre ma voix équivalait à perdre ma personnalité, mes facultés mentales, mon moi, mon surmoi, mon conscient, mon subconscient, ma mémoire, mon être profond. C'était me perdre de vue. C'était me perdre tout court. C'était me laisser enchaîner au mât d'un navire qui s'éloignait du monde des vivants, sans repère ni boussole, pour finir par m'échouer sur une île déserte, aride et inhospitalière, un îlot paumé où il n'y a personne à qui parler, et personne pour essayer de

comprendre ce que vous racontez. L'enfermement. La SLA est aussi appelée
« maladie de l'enfermement ». Les muscles
rétrécissent et finissent comme des boules,
repliés sur eux-mêmes. Les gens en phase
terminale sont recroquevillés, fermés
comme des fœtus, poings serrés, paupières closes, bouches scellées. Comme
une remise à zéro des compteurs.

Ma langue ne claque plus au bon
moment. Mes mâchoires traînent du pied.
Ma voix se modifie. Tantôt grave, tantôt
aiguë, trop souvent inexistante. Certains
de mes interlocuteurs commencent à me
faire répéter. Parfois, j'ai quasiment l'impression de me vendre pour parler normalement. J'ai beau prendre ma respiration, mon élan, ça cafouille au dernier
moment. Alors, j'enrobe, je disperse,
j'accapare. Mon sourire devient encore
plus accrocheur, la magie du gloss opère,
je fusille, je papillonne. Mes ongles sont
plus rouges, je me mèche rose, mon
maquillage est scandaleux et je vampe
mes interlocuteurs à coups d'*Opium* de

Saint-Laurent. Mes jupes sont trop courtes, je me cuissarde, sans parler de mes autres tenues vestimentaires dignes de Madonna.

Je m'évertue non seulement à faire oublier la boiteuse mais je dois également essayer de gommer mes dératés vocaux. Quel boulot ! Je supplie du regard les gens d'essayer de saisir mes paroles. Certains s'attardent et me comprennent, d'autres ne font aucun effort. Je m'énerve, mais je leur pardonne, parce qu'ils n'imaginent même pas l'ombre de ce qui m'arrive. Le temps vient où les visages blêmissent de ne pas saisir mes mots après m'avoir fait répéter au moins deux fois. « À moi, à l'aide, au secours, on m'assassine, au voleur, on a volé ma cassette – non, ça, c'est dans *L'Avare* ! – on a volé ma voix ! » Je coule dans les entrailles de la SLA. Mes repères s'éloignent, je dégringole dans la spirale de l'emprisonnement. Comme un mime, je tâtonne tous les murs d'une pièce sans trouver la sortie. Un cauchemar. De quel côté se trouvent les murs de la prison ? Où sont mes barreaux ? Je joue à *Garou Garou le passe-muraille* et je tente de passer au travers. Quelquefois, ça marche bien. Mais, lorsque je suis fatiguée, comme aux jeux, « rien ne va plus ! ». Qu'importe, je continue. Mes journées ressemblent à un triathlon. Ma voix *collapse*, mes jambes craquent comme celles d'un vieux pirate, mes doigts crochus ne veulent plus écrire, mais je m'accroche et je me cramponne comme une moule à son rocher. Je vois au fur et à mesure toutes les portes de mon existence se verrouiller les unes après les autres, mais je vis encore et surtout, je travaille. C'est beaucoup plus dur qu'une mission de 007 mais, « Bond. James Bond » n'a qu'à bien se tenir. Car, si mes forces diminuent, mon mental bouillonne. Je me surprends, je m'épate, je me fais peur.

Pas l'hôpital !

L'hôpital, c'est BEURK ! C'est : mort, souffrance, attente, manipulations, odeurs, enfer… Même avant, je n'ai jamais pu imaginer le contraire. Je sais pourtant que beaucoup de gens y séjournent et ressortent guéris. Mais moi, quoi qu'il advienne, ma SLA est toujours là.

À la suite de graves soucis intestinaux, j'ai dû être hospitalisée, et j'ai subi exactement tout ce que je redoutais. Enfer, odeurs, manipulations, attente, souffrance, et presque mort.

Où suis-je ? Je suis dans un endroit qui ne ressemble à rien, je me sens nulle part. On m'a pourtant dit qu'il y avait des nulle part qui sont au cœur des choses. Là, non ! Tout est trop blanchâtre, saumâtre.

Tout est trop « âtre ». Qui suis-je ? Trimballée, « passoir-isée » de perfusions, tronçonnée de cathéters, ligotée pratiquement nue comme un petit poulet de grain au marché le samedi matin, tout ça et plus pour être radiographiée mille fois. Des douleurs *Au-delà du réel* m'ont cinglé le ventre pendant trois semaines. *Possession*, *Evil Dead* et *Alien* : le retour du retour. Le temps s'immobilise et je hurle ma douleur dedans, dehors. La SLA me cloue, la souffrance me cloue. Que me reste-t-il ? J'ai beau faire les yeux doux à l'interne de service pour lui mendier quelques gouttes de substances opiacées, rien à faire. Personne ne semble vouloir prendre le risque d'administrer des anti-douleurs costauds à une malade atteinte de SLA. Il faut attendre le *go* du big boss. Pour peu qu'il soit en week-end ou branché sur répondeur, même bipé et rebipé, c'est loin d'être gagné. En attendant, j'ai mal puissance un million. J'ai envie de prier. Mais, je ne sais plus faire. La Mort me fait de l'œil. Tant pis. Je suis prête à vendre mon âme au premier petit diablotin qui passe. Enfin, on m'injecte un calmant. Merci Madame Morphine ! Je le confesse : c'est pas mal ! Plus aucune douleur, et la sensation d'être véritablement dans un cocon, un confort ambiant, un duvet de poussin, un flottement utérin. La souffrance et moi faisions corps, la morphine nous a séparées. J'ai compris les accros, mais je suis trop accro à la réalité. Je préfère être l'héroïne sans héroïne.

Mon séjour à l'hôpital s'éternise, c'est loin d'être une matinée enfantine. Je n'ai pas le droit de manger, de boire. J'ai tout le temps envie de gerber, de pleurer, et jamais envie de dormir. J'apprécie les visites des gens que j'aime, pourtant je ne veux voir personne. Je ne peux même pas avoir de fleurs dans ma piaule. À cause des microbes. Je vais finir par péter tous mes plombs ! J'ai l'impression d'être torturée et frappée à longueur de journée comme pour me punir de je-ne-sais-quel péché. Moi qui suis sage comme une image ! Je pleure, je pleure, je pleure. Un psy passe. Rien à lui dire. Un aumônier passe. Envie de lui balancer des méchancetés anticléricales. Et cet endroit, cette chambre qui n'en finit pas. Il n'y a même pas de télé, ni de prise télé ! Vite fait, je loue un moniteur couleur et un magnétoscope VHS.

Le cinéma m'a sauvé la vie ! Les producteurs devraient, genou en terre, me bénir pour avoir écrit cela. Au grand désespoir des infirmières, je me retrouve avec dix mille cassettes dans la pièce, et je mate, je mate, je mate. Jusqu'à cinq films par jour. J'ai plein de gens autour de moi, mais les jours de mal et les nuits d'insomnie s'étirent lamentablement, éternellement. Alors je me jette dans la pellicule pour oublier tout, pourquoi, comment, où. Je visionne tous les films dont je raffole. Tout Pagnol (étonnant, non ?), les romantiques rose bonbon et pommes croquées, les *has been*, les prises de tête et les thrillers, du cinéma français et de l'américain (en VO seulement). Le regard tor-

ride de Delon (jeune), les épaules prin-
cières de Jean Marais (même vieux), la
sagesse et la gouaille d'Arletty, la bombe
Gabin, Burt Lancaster (yeux clairs et
dents de loup dans *Vera Cruz*), les beaux
Zorro, les *Lancelot du Lac*, les *Tarzan*, plus
tous mes Disney (ça fait trop du bien !).
La rivière *cool* plus vite. La douleur ne
devient plus une fixation. Je m'anesthésie
cinématographiquement.

Un soir, je n'allais pas bien du tout. Ma
sœur est passée me voir avec la K7 vidéo
du film *Tout ça pour ça* de Lelouch. Il y a
dans ce long-métrage une scène mythique
et tellement hilarante où Fabrice Luchini,
Francis Huster et leurs compagnes respectives dorment sous la même tente au
sommet du mont Blanc. Le mal des mon-
tagnes aidant, les deux couples se mettent
à dérailler sur le thème (bien connu) de
« la fellation en haute altitude ». J'ai failli
faire pipi dans ma culotte. *One more time*.
Pour ces minutes de véritable hilarité, ce
moment privilégié, cet élixir de bonheur
qui restaure la réponse immunitaire, aère

les neurones et le génome humain : Merci Monsieur Lelouch !

Bruel est encore présent. Je l'écoute sous cape, doucement. Je bois sa voix et sa mélodie comme le lait chaud « miel-cannelle » avant le dodo du soir. Au terme de mon séjour, je dors un peu mieux et il m'arrive de rêver de lui et de me réveiller la tête pleine de lui. Tant pis pour celles et ceux qui sont choqués mais je le proclame : « Bruel devrait être remboursé par la Sécurité sociale. » D'office.

Enfin, je reviens à la maison. Trente-six kilos. Le Christ, sans la croix. Je dépressurise. Je me regarde dans la glace. J'ai mille ans. Je suis verte et cristalline, aussi maigre qu'un moineau anorexique du Kosovo. Ma parole ! Mon sex-appeal a pris un sérieux coup, je suis devenue un pot à tabac. Je me regarde encore. Que de la peau et des os ! Je vois Buchenwald, ce camp de concentration où les Américains ont trouvé des rescapés décharnés et impalpables comme la fin du monde.

Après trois semaines d'enfer et de disette, je suis affamée comme une hyène. Je me jette sur la bouffe pour tenter de me reconstruire avec des médicaments nommés « plaisir ». Je n'ai qu'une idée en tête : retravailler, re-appartenir au cercle de ceux qui avancent. Tous mes fans m'encouragent. Bien sûr que je vais y retourner ! Je me remaquille, m'habille de rire, et au boulot ! Chancelante, mais pleine de courage et d'envie. À la trappe l'hôpital !

Glamour toujours

Au diable les tabous, merde aux prêcheurs, aux beaux parleurs de tout type et de tout poil, *fuck* les bourgeois bienpensants ! *Fuck* tout ! Ma pathologie a tressé des liens diaphanes autour de mes bras et de mes jambes, plus solides que les menottes du FBI. Je me débats. Normal, l'entrave est trop intolérable. Ainsi, ces dernières années, grâce ou à cause de la SLA, j'ai découvert que je détestais me soumettre, et carrément obéir. J'ai tout le temps envie de bousculer, d'en venir aux mains, de voler dans les plumes, de râler, de m'indigner haut et fort à propos de la connerie humaine et de ce qui va avec. Je deviens ingérable. Je n'en fais qu'à ma tête. Je dis « oui » aux règles, mais je pense : « Allez vous faire voir ! ». J'ai fait devenir chèvre tous mes médecins avec mon entêtement et mon insolence à propos des consignes de base qu'ils me conseillaient d'adopter (séances régulières d'orthophoniste, repos obligatoire, kiné tous les jours, etc.). Personne ne se doutait que sous mes apparences d'*Angélique Marquise des Anges* battait le cœur d'une pasionaria effrontée, révoltée, révoltante, le poing levé et criant : « *Revolución !* » Pas tout à fait anar comme le Che (qui puait à cent mètres) même si quelquefois, je n'en suis pas loin (sauf que moi, je sens bon).

Le panneau « sens interdit » m'attire comme un aimant. Ma verve pourrait commencer par : « Et l'infirme dit : baise-moi ! » Pourquoi une tétraplégique ne pourrait-elle pas poser nue dans *Playboy* ? Pourquoi un sida en phase terminale ne pourrait-il pas être sexy ? Pourquoi une personne atteinte d'une sclérose ne pourrait-elle pas être glamour ? À toutes ces questions, la réponse de la bonne société n'est pas bien claire. On veut bien parler des bisous, des câlins, de la tendresse (et c'est déjà bien !) prodigués aux malades, mais « sexe » et « aimer au-delà du handicap » sont rarement évoqués. Les bons Samaritains larmoient volontiers sur les handicapés mais pour la plupart, la différence ou la maladie les effraie. Pourtant, chaque âme, malade ou bien portante, continue à aimer, à désirer, à rêver, à fantasmer, à être jeune, à gambader, à être libre.

Le temps change. Le vent tourne. Je m'extirpe de mon enveloppe corporelle et deviens satellite. Je me balade sur les remparts du monde. Je survole la belle planète et je n'ai pas l'intention de l'accabler. Où est l'Homme bon ? Où est l'Homme qui aime et respecte l'Homme ?

L'homme dans sa version « mâle moyen » est, indéniablement et dans tous les cas, coincé. La différence et la laideur sont souvent exclues de sa logique et lui foutent la trouille. Il veut tout beau, tout bien, tout qui roule, tout en état de

marche. Mêler la souffrance, la dégénérescence aux jeux sensuels relève alors du
hors sentier, du diabolique. Je préfère
ignorer cette médiocrité d'esprit et être
glamoureuse. Et je m'y emploie à corps
perdu. Vêtements insensés et sous-vêtements au prix du caviar (pour ceux qui
auraient éventuellement envie de m'effeuil-
ler). Je ruine les stocks de la parfumerie
locale et le meuble de ma coiffeuse
couine sous le poids de mille et un
onguents d'Ali Baba. Les laits mer-
veilleux, les voiles enivrants, les crèmes
gourmandes, les élixirs musqués, les pin-
ceaux en poils de martre, les faux cils de
poupée, les polissoirs, les talcs les plus
doux, les pâtes à maquiller écarlates
comme autrefois les stars et, bien sûr, un
bataillon de mignonnettes de parfums. Je
me sature de notes de tubéreuse, néroli,
santal, lotus, patchouli, sauge, romarin,
girofle, réglisse... Des odeurs et substances presque interdites émanent de ma
piaule, et les soirs d'orage d'été, j'aime
fantasmer dans des bouffées de blé

coupé. J'aurais aimé être Cléopâtre pour me fondre dans d'invraisemblables baignoires remplies de lait d'ânesse. À défaut, je me venge sur des bulles soyeuses et vanillées. Je me rince avec de l'eau presque bouillie et sort de ma salle de bains, chaude comme une brioche. Je m'oins d'huiles essentielles, je me saupoudre entièrement le corps de poudre d'or comme une courtisane de l'époque de Louis le Quatorzième. Je veux me sentir belle et avoir la tête d'une nana amoureuse. Je veux être sexy et noyer ceux qui m'approchent avec des senteurs infernales. Plaire et séduire sont mes devises, pour que l'image de la femme, malade ou pas, existe éternellement. C'est tellement bien d'être une fille ! On aime toutes, selon l'expression consacrée de mes chers Québécois, « jouer aux filles », non ?

Quand je travaillais, j'avais souvent des rendez-vous d'affaires. L'hôtesse d'accueil me prévenait de l'arrivée de mon visiteur et, systématiquement, je le faisais attendre dans le patio, pour filer aux *Ladies* me repoudrer le bout du nez. Et hop, elle était prête la gazelle !

Chaque soir, je verse ma tête sur l'oreiller imprégné de mon parfum du jour. C'est bien aussi de dormir beau. Pendant mon sommeil, j'adore renifler l'odeur de ma crème de beauté pour cheveux sur ma taie, celle de mes sérums antirides (même s'il me plaît de penser que ce sont des rides de bonheur) et du parfum de mon âme lorsqu'elle glisse et s'évanouit prudemment dans le sommeil. Oui, je suis frivole et ça se voit ! Mais frivolité ne rime pas avec écervelée, et cela ne m'empêche pas de soutenir un argumentaire sur n'importe quel sujet (sauf politique) avec force propositions.

Dans le monde professionnel et la vie sociale tout court, il n'est pas rare d'entendre que glamoureuse ne rime pas avec laborieuse. Autrement dit, pétasse égale feignasse ! Un jour, j'ai organisé un rendez-vous entre le directeur général de ma boîte et un consultant qui proposait de former les cadres à la communication au sein de l'entreprise. J'avais eu un excellent contact téléphonique avec lui, mais on ne s'était jamais rencontrés. Le jour du rendez-vous, je portais un épais col roulé sur une minijupe en daim noir, collants noirs opaques, cuissardes talons plats, parfumée comme un scandale et des yeux papillons. Au moment où je suis allée accueillir notre visiteur, j'ai noté sur son visage un vague étonnement. Le rendez-vous s'est bien passé, mais le lendemain, il m'a appelée sur ma ligne directe. D'abord, il m'a complimentée sur mon professionnalisme et puis, au bout de trois minutes, il m'a dit : « Au titre de conseiller de monsieur L., je me permets de vous souligner une chose importante pour l'image de marque et la crédibilité de l'entreprise. Quand je vous ai vue hier, vous étiez habillée comme une vamp, vous étiez indécente, vous ne correspondez pas du tout au style de votre employeur. Je ne remets pas en cause vos compétences et du reste, vous êtes hyper ravissante et dans la rue, je vous draguerais, mais votre image n'est pas adaptée au poste que vous occupez. » J'étais verte. J'ai filé illico dans le bureau de monsieur L. pour lui demander s'il trouvait mes tenues choquantes. Il m'a répondu qu'il n'avait aucun reproche à m'adresser sur mon travail et que le reste ne le regardait pas. Comme quoi, il ne faut jamais se fier aux apparences.

Pour tous les humains, venir au monde signifie un jour, quitter ce monde. La SLA accélère le processus. Sans faire de la philosophie de comptoir, la mort n'est rien. C'est béant. C'est le gouffre, le trou noir, le zéro au carré, le désert sans sable, c'est rien. Alors, pourquoi parler de rien ? Mais pour l'âme humaine, la mort c'est bof, c'est moche, c'est mou, ça ne sent pas bon, c'est le froid arctique, ça pique, c'est noir, c'est beurk, beurk, beurk. Ainsi, la mort a horreur des odeurs subtiles et chaudes, des effluves de parfum, de la beauté naturelle de l'espace ambiant, de la douceur de l'Amour. Voilà pourquoi nous déposons des masses de fleurs fraîches et odorantes sur les tombes de nos chers disparus.

Lors d'un de mes séjours à l'hôpital, j'étais tellement angoissée que je passais mon temps à me faire des masques de beauté, des gommages, des maquillages de star. Je me réveillais bien avant le passage des infirmières, j'allais prendre une douche et, je me ripolinais d'*Opium*. Au sortir de l'ascenseur de l'étage « neurologie », les brancardiers, à leur étonnement général, humaient déjà mon eau de toilette qui émanait de ma chambre, cinquante mètres plus loin. Pourquoi l'environnement hospitalier ne devrait-il pas sentir bon ?

Le nombrilisme serait mal à propos, les canons de beauté seraient déplacés, je ne veux pas simplement évoquer la beauté superficielle, légère et extérieure, mais également le bon. L'orgasme alimentaire en fait partie. L'écrivain Colette disait : « Aucune blessure, aucune immense peine ne résiste à un bon repas. » Parfois. Lorsque j'avale le mets délicat dont je suis folle – c'est le caviar, j'en ai honte ! – j'ai toujours cette sensation que ça fait du bien à l'animal. De même, quand je bois mon thé à la rose, j'imagine cette boisson ancestrale, douce et parfumée, couler dans mon ventre, mes viscères et mon cœur et je suis sûre qu'ils sont contents.

Avoir une belle âme : « oui » mais se sentir beau dedans, c'est bien aussi. Je suis intimement convaincue qu'à l'instar du parfum, l'Amour exorcise. C'est le principe des vases communicants, l'Amour des uns glisse plus ou moins dans les âmes des autres. La coupe des uns déborde, va remplir et hydrater celle des autres, les accidentés du Cœur, les desséchés de l'Être. Certains passeront leur vie entière à refuser ou à éviter le remplissage d'Amour. On ne peut pas faire grand-chose pour eux. L'Homme naît Amour. C'est sa plus précieuse baguette magique, son radium, sa pechblende et il le sait. À lui de gérer. Avant même les deux cellules d'un embryon, l'Amour fait corps. L'Amour est un système stellaire :

amitié, lien filial, reconnaissance, respect, tendresse, chaleur et... sexe.

Depuis la nuit des temps, les hommes se touchent. L'Homme a été son premier propre miroir. À part les ermites, nous avons toujours recherché l'Autre, d'abord pour sa présence et aussi, pour le tactile. Quel meilleur repère que la peau de l'Autre ! Quel miracle que l'effleurement ! Qu'on se déteste, qu'on s'adore, il y a bien un moment où l'on se touche, ce contact délivre alors plaisir ou répulsion. Nous faisons connaissance. Une main glissée dans une autre, un baiser déposé sur la chevelure, un bras dessus, un bras dessous, un doigt qui traîne sur la joue : Touché ! Je suis définitivement charnelle. Il faut que je palpe, que je tripote, que je touche, que je sente, que j'inhale. Je veux tout. Quand mon bébé est né, je ne me contentais pas comme toutes les mamans du monde, de le caresser, de le bercer, mais je le reniflais toutes les cinq secondes, comme une petite chatte affolée, de crainte qu'il ne soit éloigné de plus de dix centimètres de moi. Aujourd'hui, les rôles sont inversés. Je renifle toujours la tête de mon fils, mais c'est lui qui se penche vers moi.

J'ai envie de tous les câlins du monde. Je suis en demande permanente, éternellement en manque. En amour, je suis une véritable éponge. J'ai besoin d'être ballottée, cajolée, caressée, massée, bisouillée. Immobile à présent, je tente d'associer mes mots (enfin, ceux que je peux dire), mes songes et mes parfums. J'étreins avec mes yeux, j'embrasse de tous les pores de ma peau et je fais l'amour avec ma respiration. Oui, j'ai une sexualité carnassière. Je le reconnais et je suis bien loin de la culpabilité judéo-chrétienne où le sexe est péché. C'est plutôt péché que d'ignorer l'amour physique. Je déshabille du regard et ça va très vite. Impudique j'étais, impudique à présent, plus encore. Même si la personne qui est en face de moi est coincée, d'un coup d'œil, je me fais fort de la mettre rapidement à l'aise, impotente que je suis.

L'acte sexuel n'est pas une fin en soi. Le contact de peau à peau est radicalement plus affolant, plus incendiaire. L'orgasme masculin est définitivement systématique, mesquin, petit, voire discourtois (quelques ridicules gouttes blanchâtres). L'orgasme féminin est joli. Il nous inonde dedans, dessus, à l'intérieur, à l'extérieur et jusqu'au bout de nos ongles de doigts de pied. Il nous raidit, il nous tend comme de grandes fleurs renversées et épanouit notre clitoris comme un bouton de rose le matin. C'est le pôle positif. Le bon côté de la pile. Cette décharge sublime ravit le Tout et n'est pas égoïste. Se frayer un chemin entre le pathos et l'érotisme n'est pas une mince affaire dans l'inconscient collectif. Pas dans le mien. Si la SLA a décidé de piller mon corps, elle ne touchera pas à mon point G ! Rien n'a changé. C'est même mieux car si les ébats se déroulent différemment, la recherche des sensations s'active plus intensément dans les couloirs du plaisir. Vive le paraorgasme ! Y aller par d'autres sentiers en traversant d'autres territoires. Avis aux amateurs. Un jour, un taoïste m'a dit que lorsqu'un homme et une femme font l'amour, au moment de l'orgasme, l'intensité et l'échange des énergies sont si importants que, pendant une fraction de seconde, l'homme devient femme et la femme devient homme.

Il paraîtrait qu'il y a plusieurs milliers d'années, la femme aurait été conçue par le Créateur à partir d'une côte d'Adam. Honte aux traducteurs ou théologiens qui n'ont pas pensé une seule seconde que ce n'était pas la côte mais le côté de l'homme, de telle manière que la femme et l'homme forment un tout, comme deux pièces d'un puzzle. C'est sans doute la raison pour laquelle j'aime les hommes féminins (pas efféminés). J'ajoute au passage qu'un homme aux pieds et mains soignés, aimant le thé et les chats, me fait complètement craquer. Il faut bien se mettre des limites parce que, comme dirait une copine, « s'il fallait se taper tous les mecs qu'on trouve beaux, on n'en finirait plus ! »

Je veux (continuer à) être glamoureuse. Ne plus être un tiroir à médicaments, car après l'amour, je vire ma morphine et mon Prozac. Alors : « Baise-moi ! » Je ne serai jamais contre les hommes, je suis trop tout contre.

Questions de choix

À seize ans, lorsque je suis arrivée au lycée, j'étais fidèle à mon principe : belles fringues et beaux garçons. Pas de bol, j'étais tombée dans une classe de seconde intello et archipolitisée. Cela ne me plaisait pas du tout du tout. En prime, parce que j'étais comme je suis maintenant (soignée, pomponnée, féminine), je me faisais traiter de « bourgeoise ». La plupart des filles et des garçons étaient très virulents, toujours prêts à faire grève, à insulter les plus respectables et à organiser d'interminables débats sur des sujets de société brûlants. Un jour, quelqu'un a proposé de parler de « l'État nazi ». J'étais perplexe. Était-ce un nouveau parti à l'extrême droite de la droite du FN ? Honte à moi ! Ce n'était

pas « l'État nazi » mais, l'euthanasie !
Qu'est-ce qu'on peut être con parfois !

Dans le cas de ma pathologie, bien vite
est arrivé le temps où il m'a fallu inter-
roger mon praticien sur mon espérance de
vie. Nous en avons clairement débattu. Je
savais très bien qu'une SLA aboutissait au
bout de quelques années à un état du
genre « légume ». Mais moi, j'avais la tren-
taine et encore un tas de choses à réaliser.
Et à dire.

Est-ce que la maladie mènerait un train
d'enfer ? Est-ce que je pourrai choisir
l'heure et le jour du train, train de jour ou
train de nuit, TGV ou RER ? De quelle
carte routière vais-je être rayée ? Le chemin emprunté sera-t-il doux et chaud aux
pieds comme le sable blanc d'une plage
des Caraïbes ou, au contraire, cette trajec-
toire sera-t-elle la moins fréquentée et couverte de graviers qui écorchent ? Parfois,
sous les cailloux, on peut trouver des
diamants, aurai-je cette chance ? Illumi-
nation ? Réincarnation ? Autres systèmes
solaires ? Dieu ?

Débriefer sur l'euthanasie n'a rien d'ir-réel. C'est même assez humain. Persister, résister, s'épuiser dans la douleur ne sert à rien. Avoir mal n'a aucune utilité. Chacun a accès à une vaste palette d'antalgiques adaptés. Ne nous privons pas, prenons-les ! Je le redis, la douleur ne sert à rien. Elle est un ressenti qui entrave. Une fois partie, on peut passer à autre chose. À ce moment-là, on peut réfléchir et se posi-tionner sur son choix. L'idéal, c'est de décider bien avant l'irréparable. « Mettre fin à » est radicalement personnel, secret, intime. On veut, ou on ne veut pas, l'achar-nement. Nous plaçons notre conscience devant un dilemme. Et nous savons. Selon l'espace temporel qu'il nous reste, libre à nous de le révéler ou pas.

Le jour où j'ai évoqué le sujet de l'euthanasie en consultation avec le pro-fesseur Meininger, j'étais à des millions d'années-lumière de me douter de sa réponse. J'ai dit : « J'ai quoi devant moi ? » Doux comme un cœur, il m'a répondu : « Vous êtes venue en consultation il y a trois mois. Vous êtes là aujourd'hui. Nous avons gagné trois mois. » Point. J'AI GRANDI D'UN CENTIMÈTRE.

À la question que tout le monde me pose : « Comment te portes-tu, est-ce que le traitement te fait du bien ? », je déclare systématiquement et très précisément : « Je préfère penser à ce que pourrait être mon état sans médicament. » Je n'ai jamais été objective face à l'évolution de ma maladie ; depuis le début, je l'ai déjà suffisamment mise sur la touche, alors me faire dire que je me sens devenir une petite ruine (classée mais ruine quand même) n'est pas mon trip. Je raisonne en termes de « non-traitement[1] ». C'est une

---

[1]. J'ai même adapté cette révélation sur le plan professionnel. Lorsque nos chers managers étaient peu disposés à dépenser leur budget « formation » pour leurs équipes et s'interrogeaient sur l'impact de la formation en entreprise, le retour sur investissement du coût de la formation, etc., je leur demandais alors de fonctionner « non-formation ». Au XXIe siècle, comment une entreprise peut-elle être compétitive sans formation ?

reformulation positive du cerveau pour toutes informations entrantes, toutes nouvelles situations. Je me suis reprogrammée. Après tout, la mort peut bien attendre. Encore que.

Dans l'évolution de n'importe quelle pathologie sévère et violemment invalidante comme la mienne, il y a un moment où la maladie et moi sommes à couteaux tirés. « Je vais me flinguer » devient une phrase qui passe et repasse plus fort qu'un message subliminal. Je n'en peux plus. C'est trop dur. C'est irrecevable. Je pleure, je pleure. Mais, soyons funestement pratique. Comment vais-je faire ? Suicide : mode d'emploi ? Surdose de médicaments ? Je ne peux même pas attraper un verre d'eau et me siffler la boîte de Temesta. Me jeter par la fenêtre ? Et comment je me débrouille pour atteindre la fenêtre ? Me fracasser la tête contre un mur ? Quel est le mur qui voudra de moi ? Je vais devenir cinglée. J'en parle à Philippe, mon doc. Non seulement cette maladie me pourrit la vie mais en plus, elle ne me donne même pas les moyens de décider de mon avenir. Le diable se mord la queue. Philippe rigole. Il me dit : « Peut-être qu'on ne veut pas de toi là-haut ? » D'habitude, je lui tiens tête, mais là j'avoue, il marque un point. Surtout, je lis la vie dans le regard horizon de mon fils. Je cesse aussitôt de penser à ces idées morbides.

L'erreur d'interprétation auditive entre le mot « euthanasie » et l'expression « État nazi » n'est pas spécialement choquante. L'euthanasie est la mort, mais elle résulte d'une décision entre moi et elle, donnant donnant, « je te donne ma vie, tu me donnes l'apaisement total. Nous sommes quittes. » Le choix est binaire. Cette décision est prise en toute liberté d'âme, dans ce qu'elle a de plus pur et essentiel. En revanche, « l'État nazi » est inévitablement la mort, mais dans la terreur et la soumission sans alternative. À ce propos, si le nazisme et ses terroristes ont hanté la Deuxième Guerre mondiale, à présent, ce sont des terroristes de supermarché qui déambulent, patrouillent dans les couloirs de célèbres holdings ou de certains partis politiques en vogue et hantent notre vie quotidienne. Malades, handicapés, séropositifs, vieillards, affaiblis... pour eux, nous sommes nombreux à porter une étoile jaune invisible. Nous, les foules sentimentales, *full sentimental* (merci Souchon !) sommes maltraitées, harcelées, insultées dans notre dignité, frappées à terre, et gare à ceux qui sortent du lot !

Que le lecteur soit tranquille, je ne suis ni prête ni compétente pour délayer la béchamel du pouvoir en général. Simplement, il se trouve que j'ai été mêlée, à mes dépens, à des terroristes (désolée, je ne vois pas d'autre terme !) de la scène politique. Un jour, sans crier gare, un parti centriste a passé le pas de ma porte. On entre en politique comme on entre en religion. On veut être les enfants de chœur du Rédempteur. Le grand gourou du parti est comme le Sauveur. C'est bien connu. J'ai donc plongé dans des méandres plus tortueux que des alambics de sorcières. Les vraies fausses réunions, les débats résolument stériles jusqu'à pas d'heure, les meetings à des dates insensées (le lendemain de Noël et le dimanche de Pâques !) etc. : tout n'était que piètre littérature, matraquage, dessous (pas chics) de dessous-de-table, grandes gueules, grands gueuletons, grandes beuveries et surtout – SURTOUT – tout n'était que mensonges et trahisons.

À la lecture de ces lignes, certains vont se demander : « Mais quelle mouche l'a piquée ? » Ni mouche, ni guêpe mais une militante arriviste aussi machiavélique que Milady de Winter (la salope dans *Les Trois Mousquetaires*). Elle a anticipé sur ma durée de vie et spéculé sur ma mort pour arriver à ses fins. Un médecin sympathisant du parti lui a même confirmé que j'étais hors circuit, que je ne ferais pas long feu. La cruauté est à la porte. Que personne ne sorte ! « On » m'a poussée au bord du précipice, « on » a torturé mon âme, bousillé mes rêves et piétiné mon avenir par un travail de sape, long, vicieux, méticuleux. Certains, ou plutôt certaines, ont assurément le diable au corps !

Mon mari m'a quittée pour la Winter. J'imaginais pourtant mal qu'il fallait allier plaisir et *backstage* électoral. Et pour corser le tout, il a ajouté : « ben, t'es malade ». C'était tellement fastoche pour lui de sauter du médical au *political*.

Lorsque j'ai tout su, tout compris, j'ai eu la sensation réelle qu'on me hachait le cœur en petits lardons. Imaginez seulement le bruit du couteau sur la planche ! Tous mes docteurs se sont interrogés sur ma capacité à outrepasser cette douleur. Tout le monde (moi y compris) s'est demandé comment je ferai pour tenir la *Rampe*[1]. J'avais l'impression qu'on me « marteau-pilonnait ». Ce n'était pas cette histoire de crise de couple qui me déchirait, mais parce que j'étais fixée

---

1. Je me répétais sans cesse, comme Arletty lorsqu'elle est larguée dans Madame de… : « Heureusement, j'ai bon caractère ! »

dans mon lit ou chez moi, sans défense, à recevoir les coups sans pouvoir les rendre, ou tout au moins me battre, me justifier, défendre mon bout de gras. C'est sûr, si j'avais été valide, je serais allée lui pulvériser l'arrière-train à cette p... pu... punaise satanique !

Comme dans toute maladie, le facteur moral a été déterminant. Face à l'abandon d'un mari qui préférait la cuisine de l'UDF à la cocotte-minute SLA, j'ai mitonné mes propres médecines. J'ai eu le cœur gercé, j'ai grand besoin de baume du Pérou. Je me suis entourée de thérapeutes « Anges parmi les Chéris », « Chéris parmi les Anges ». À force de côtoyer les démons, je ne voyais plus mes Anges.

My shrinks [1]

1. Signifie « mon psy ». On pourrait excellemment le traduire dans une version au baccalauréat par « réducteur de tête » (to shrink = réduire) mais moi, je préfère traduire par « mes thérapies ». Woody Allen emploie souvent ce mot dans le dialogue de ses films.

On m'a dit : « Fais de la sophrologie ! » Ok, allons-y. Me voilà affalée sur un *water-bed*, paupières closes, corps désarticulé, molle comme un loukoum à écouter les paroles douceâtres d'une jeune femme qui tente de me faire prendre conscience de chaque osselet de mon squelette. Peine perdue, mon cerveau bourdonne trop de mille réflexions. Lorsqu'elle me dit de me concentrer sur la plante de mes pieds, je pense plutôt : « Qu'est-ce que je vais faire à bouffer ce soir ? » Idem pour la tentative de faire le vide et de me fixer l'esprit sur mes points d'appui : « Zut, j'ai oublié d'envoyer le fax de confirmation de commande pour une formation Lotus version 2.2.3.4 », « Comment vais-je m'habiller pour la réunion de demain, je n'ai plus rien à me mettre » ou encore, « Ne pas oublier de prendre rendez-vous chez le toubib pour les vaccins de mon fils. » Je me rallie à l'évidence : la sophro n'est pas pour moi ! Je me suis rabattue (façon de parler) sur ma sophro habituelle : Bruel.

Pourtant, et je suis formelle, l'encoche était tellement franche que, cette fois, j'aurais vraiment pu me rapprocher d'un disciple de Papa Freud. Un psytruc qui se serait fait un plaisir d'appuyer sur toutes les bonnes ou mauvaises touches. Mais, il m'énerve trop ce Sigmund. À cause de ses théories, j'en suis venue à culpabiliser même (surtout) quand j'achète des petits-suisses à la banane. À chaque fois, j'imagine son interprétation tarabiscotée de mon achat – un truc sexuel dégoûtant forcément. Trop pénible d'être considérée comme une affolée permanente de la quéquette ! Alors, je sais, c'est très à la mode mais moi, je n'ai (toujours) pas de psy. Je me « psy » moi-même. Vous pouvez me croire sur parole, depuis quinze ans, j'ai bien eu le temps. Comprendre, comprendre, il y a belle lurette que je n'ai plus que ça à faire : comprendre. Et je continue toujours et encore. Pour avancer, j'ai mes proches, mes amis, mes amours, mes lectures, mes films favoris et l'écriture. Mes nuits d'insomnie et mes séjours prolongés au pieu m'ont bien aidée aussi.

« Comprends l'incompréhensible ! » : cela ne demande pas un travail exceptionnel, mais une autre façon d'accueillir et de gérer tout nouvel événement, tout en tenant compte des anciennes situations. Comme disait Pierre Dac : « Je verrai l'avenir devant moi à chaque fois que je ferai demi-tour. » Il faut certes dépiauter la bête, mais il y a urgence à prendre son temps. Pour moi, « bête » n'est pas un terme réducteur, après tout, à la base, nous sommes bêtement des mammifères, avec supplément d'âme en rab.

Ainsi, je ne voulais plus jouer aux petites bougies parfumées qui flottent et j'ai dû me replonger dans mon propre bain. Rien n'est instantané, seule la démarche compte et comme les nourrissons, on régurgite le trop-plein. En attendant d'avancer à micropas de fourmi, il faut assurer le reste. En avoir. Ne pas jouer au marin d'eau douce. La maladie ne supporte pas l'improvisation, nous sommes si friables. Ne pas être cristal de roche, mais pierre précieuse et s'approprier le monopole du plaisir. Ridiculiser le plus vil. Rassembler les plus beaux instants pour en faire un pôle de joie. Ainsi, quand je suis cassable ou quand la SLA m'a trop ébréchée, à moi d'aiguiller les bons rails et de m'engager vers l'issue « mes thérapies ». Si comme Schumacher à Silverstone, j'ai fait ma sortie de piste, je n'ai pas le droit de rester hors circuit. Quoi qu'en dise un saligaud de médecin centriste !

Je vous ai déjà bassinés avec mes trucs perso pour me rendre la vie plus chouette. Dans le désordre : rire, boulot, opéra, bonne bouffe, sieste crapuleuse, câlin, maquillage, parfum, fringues, magasins, cinéma – mais, il y en a d'autres et il s'agit de ne pas les louper. Vite ! Dépêchons-nous d'être heureux !

D'abord, chaque matin, lorsque j'ouvre une paupière, je me félicite de me réveiller vivante. Je pense à l'Amour. Oui, celui-là. Vous avez le doigt dessus. Comme cette boule effervescente que l'on plonge dans son bain, il se diffuse en continu au creux du ventre, huile l'horloge et panse les petits bobos. Mais, la toute première et véritable question à se poser est : « De quoi vais-je pouvoir me réjouir aujourd'hui ? » C'est le *reset* de chaque instant. La plupart du temps, c'est la simple évidence qui est réjouissance. Le bonheur est gratuit. Il faut en profiter. Tout n'est pas payant. À l'heure de l'hyper taxation qui nous grignote la vie entière et même au-delà (frais de succession, location d'un coin de cimetière...), il faut nous donner la peine de plonger dans l'essentiel. Si le bonheur se sauve, c'est qu'on ne sait pas le garder. Pourquoi ? Parce qu'on ne sait pas le regarder. Le bonheur est petit. Le bonheur est infini. Il est dans l'air du temps, il peut être palpable, modulable, étirable comme du bubble-gum. Et puis, l'origine du bonheur se trouve dehors. Sortons de nos habitations, plaçons-nous au beau milieu de la nature, et imprégnons-nous !

Avant la maladie, je n'étais pas spécialement proche de la nature et assez rarement contemplative. Quand une personne perd la vue, elle met à profit tous ses autres sens y compris les plus enfouis. Elle se réveille. Le jour où j'ai atterri dans un fauteuil roulant, je me suis réveillée. J'ai compensé le « non-accès » à la marche en franchissant la « Grande Porte » de la Nature. J'ai déployé tous mes sens pour avoir libre accès à l'environnement. J'ai pensé que la Nature était venue me chercher jusqu'au fond de l'âme et, j'avais l'intention de me laisser faire. Les odeurs se sont pressées contre moi et j'ai vibré. J'ai admiré et la Nature me l'a bien rendu. Avec elle, on n'est jamais perdant. Que le gagnant gagne ! Depuis, je me retrouve en extase devant une pierre moussue, vieille comme les chemins, neuve comme l'éternité et qui nous enseigne l'histoire de l'Histoire mieux que nos tableaux noirs d'écoles. Je suis émue par tout l'espace végétal, animal et minéral existant. Les feuillages, les fleurs, les bêtes aussi petites soient-elles, me séduisent, me calment. Profane j'étais, amoureuse de l'art floral je suis devenue. La taille, la senteur, la provenance importe peu. De la reine des roses à l'oseille sauvage, les fleurs éveillent en moi une émotion différente pour chaque jour qui naît. Le plus petit bourgeon qui pointe son nez, le moindre pétale qui se défripe, embellit ma vie. Je me retrouve d'un jour à l'autre à confectionner une multitude de compositions florales en me laissant juste guider par mon instinct. J'associe fleurs, fruits, coquillages, épices, tissus et même des paillettes de poudre de maquillage de filles. J'aime bien mettre toute Dame Nature à contribution. Je ne m'ennuie jamais. Je peux rester dehors, seule pendant des heures (sauf par moins dix degrés) à ne rien faire d'autre que regarder. Tout me parle et... j'entends.

Pour survoler le flot des emmerdements, je joue aussi à la maman ours au fond de sa grotte et j'hiberne. Je me coince au fond de mon lit, me torchonne dans des couvertures polaires, tout en me contentant de léchouiller du miel et de clapper quelques noisettes. Je me mets aussi à penser « chat » : filet de souriceau et coussin de plumes. En clair, calfeutrée sous un édredon de duvet, je me restaure de mes mets favoris et je m'envoie des théières pleines de *Lapsang Souchong Impérial* sans me demander si c'est équilibré ou pas.

Je ne viens pas dire ici que j'ai trouvé le philtre rédempteur de tous les maux, mais simplement vous inviter à tout essayer. Tout essayer, c'est tout réussir. Mes thérapies ne veulent surtout pas être une règle d'or. Aux yeux de certains, elles sembleront même puériles ou inappropriées, mais dans mon cas, ce sont celles qui marchent. Peu importe le chemin que nous empruntons, l'important est d'améliorer notre condition conformément à notre volonté de vivre une vie harmonieuse. Alors, psychanalyse, sophrologie, prise de substances inconnues, chimiothérapie, homéopathie... on peut tout cumuler ou ne choisir qu'une thérapie, cela n'a aucune importance car, je le répète, seul le résultat est essentiel ! Et l'essentiel, c'est seulement d'être mieux et/ou réparé et/ou guéri.

D'un point de vue relatif, notre environnement existant ne change pas. Heureusement, nous changeons et faisons en sorte de modifier l'existant. Le changement passe par nous. Ce sera grâce à nous.

Voyages infinis

Souvent mes yeux se perdent dans le ciel. Et quand un avion chargé d'âmes laisse échapper son panache à dix mille mètres, je me plais à deviner d'où il vient et où il va atterrir. Est-il parti d'un pays couleur de neige pour aller se poser de l'autre côté, là-bas, tout droit jusqu'au matin puis après la deuxième étoile à gauche, loin, très loin, vous savez là où les gens marchent la tête à l'envers ? Dans l'hémisphère Sud, où paraît-il, la SLA est moins répandue ?

J'ai la passion « Avion ». Je craque carrément pour ce monstre d'acier qui s'arrache de notre Terre, va trinquer avec l'astre solaire, survole l'humanité, l'eau de l'Arche, les guerres des hommes stupides et redescend en tournoyant comme un oiseau. Oiseau-poisson d'ailleurs. Cette grosse bestiole de fer à l'allure phallique a bien la tête d'un orque. Cela doit être la raison pour laquelle j'adore prendre l'avion (encore un truc freudien, tiens). Même avec six heures de décalage horaire dans la vue, *over-jetlagée*, je me complais dans la carlingue. Moi qui suis si lourde sur le plancher des vaches à cause de mes muscles immobiles bouffés par l'apesanteur, je me sens comme une bulle dans l'espace aérien. C'est ouatiné, c'est utérin. En plein vol, sauf en cas de turbulences, je n'entends que le chuintement de l'air déchiré de l'extérieur, et je me berce. La bestiole se pose, je suis ailleurs. Grâce à elle, rien n'est loin. Hier est aujourd'hui, et aujourd'hui est après-demain. Au moment où l'avion s'immobilise, surtout dans un autre pays que le sien, c'est le choc. Quand l'hôtesse déverrouille la sortie, une gigantesque bouffée d'air me bouleverse. C'est très vite autre chose. D'autres odeurs, d'autres résonances, une autre culture,

d'autres respirations, d'autres regards.
C'est accessible à tout le monde, il suffit
juste de faire remonter quelques-unes de
nos cellules pour que le spectacle soit
lisible, décodé. À l'aéroport de Bangkok,
ça sent le riz parfumé, à Dakar le cuir
tanné, en Inde le curry, en Amérique le
« policé », au Canada la neige et l'immensité, en Martinique le rhum...

Oui, j'ai voyagé. Mais mince, j'ai bossé
comme une tarée, au bord du gouffre à
chaque instant, et ces voyages, je les ai
mérités. L'argent, c'est fait pour être
dépensé. Vision simpliste peut-être, mais
l'argent c'est quand on est vivant. L'argent
ne sert à rien une fois mort. Je veux me
permettre de faire les 400 coups. Je refuse
d'être la plus riche du cimetière.

Je suis une fille du soleil. Le soleil et
moi, c'est une vieille histoire. Il y a déjà
longtemps que nous avons fait ami-ami ;
ainsi ce n'est que lorsque le thermomètre
s'éclate à 30° que mon rythme biologique
fonctionne à plein régime. De fait, la
Martinique se trouve sur une latitude qui

me sied à merveille et, je dois l'avouer, j'ai eu le coup de cœur pour Madinia (en créole : l'Île aux fleurs). J'ai reçu la claque des alizés et la morsure du soleil d'équateur. Je songe à la Martinique comme je rêve de l'Éden. L'approche aérienne des Petites Antilles est envahissante. La palette de dégradé de bleu vous mange les yeux, l'âme et la chair. L'air est fœtal, doux, chaud, humide, nourrissant. La profusion de végétation luxuriante tranche le paysage et les quantités de fleurs aux formes et aux noms à peine imaginables (oiseaux de paradis, balisiers, gouttes de sang du Mexique, pommes d'eau, arbres à pain, flamboyants, arbres du voyageur, langues de belle-mère...) font que parfois (seulement parfois) je pourrais croire à l'existence de Dieu.

J'ai un travelling arrière qui ne s'effacera jamais de ma mémoire : mon arrivée sur la baie du Diamant. Au détour d'un ficus géant, j'ai vu la mer en perles. Eau bleue, ciel bleu. Lequel des deux a volé le bleu à l'autre ? Et cette chaleur ! J'aime trop dégouliner pour mieux aller me baquer dans le turquoise, revenir ruisselante comme une otarie, et me poser en attendant... rien.

À propos de mon goût immodéré pour la touffeur, je me souviens, il n'y a pas si longtemps, d'une anecdote avec ma nièce Émilie. Nous étions allongées sur des transats, très affairées à faire rôtir notre jolie petite couenne, lunettes noires, poitrines en avant, imperturbables, immobilissimes, à mater les culs qui passent (ceux des mecs bien évidemment, parce que l'œil doit aussi avoir son comptant) quand je lui ai murmuré : « Sais-tu pourquoi, rien qu'en fermant les yeux, je suis persuadée d'être ailleurs qu'en Bretagne ? » « Non » me dit-elle. « J'ai les pieds chauds ! » Désolée pour les Bretons bretonnants, la région est magnifique, mais je n'y peux rien : je m'y caille trop souvent !

Au creux de l'hiver des douleurs et des tourments, je m'accorde le temps de l'évasion et me remémore l'éclat des beaux jours à Saint-Tropez. Dès l'aube, prendre le bateau à Sainte-Maxime, puis arriver sur le port pour *breakfaster* gentiment dans un bistro. Dans mes rêves, j'ignore toujours la foule et les trop nantis. Cela ne m'intéresse pas. Je veux seulement voir ce que j'ai envie de voir, ce que je sens beau. Je continue mon chemin vers la Tour Carrée, rencontre des placettes oubliées, des fontaines qui attendent. Plus loin, je détache mes chaussures d'étoffe légère pour les pendre à un doigt, coule mes pieds nus sur la dalle lisse et polie d'antan, hume l'odeur de la pierre qui transpire encore la fournaise du jour, et trottine vers des ruelles reculées qui vomissent leurs vignes folles et leurs bougainvilliers. Lorsque l'horreur me cisaille, je me projette sur la plage de Pampelonne. D'infimes particules de quartz et de mica massent et gomment ma peau en douceur. Pourquoi aller chercher ailleurs ce que l'on a sous les pieds ? J'aime rester allongée sur le sol meuble et bosselé d'un bord de mer. Sans aucune prétention, je joue à la femme coquillage et je reste tard, très tard, goûtant jusqu'à la fin l'heure où je peux encore espérer devenir dorée comme un abricot du Roussillon, humant les dernières odeurs d'huile à bronzer et celles de la mer chauffée à blanc le jour durant. Le noir venant, je me retire langoureusement sur Ramatuelle, j'aperçois encore une fois la mer, qui dort, seule, nue sous sa couette phosphorescente. Du bout des yeux, j'imagine les mille et une lumières de la baie en rivières de diamants éclatés. Même barricadée dans ma chambre, Saint Trop' me reste complètement accessible. Et si la projection de cette vie est sans doute très utopique, elle reste possible. L'existence nous creuse parfois des sillons si inattendus. Le rêve peut nous mener à la foi, puis à l'espérance et enfin, au miracle ; et/ou la foi peut nous mener à l'espérance, puis au rêve et enfin, au miracle ; et/ou l'espérance peut nous mener au rêve puis au miracle et enfin, à la foi. À vous de voir.

Au-delà de la douceur du climat des Caraïbes ou de la Côte d'Azur, je ne peux pas faire l'impasse sur mon voyage au Canada. Si la température y est bien en dessous de zéro, le cœur des Québécois explose en Fahrenheit et l'Amour y est pur sirop d'érable. C'était à un moment où ma pathologie me ravageait sans pitié. Je pensais ne jamais pouvoir y aller, mais mes anges ont négocié l'accès au trafic aérien. Je l'ai fait. Je l'ai même fait exprès. Quand les Québécois m'ont accueilli au pied de l'avion avec *full becs*, ils m'ont dit (phonétiquement) : « *Kâlis, tsé kté bin kiout, 'sti ! Tsé kté o Kanado avek nouzôout* – Calice, tu sais que tu es bien *cute*, hostie ! Tu sais que tu es au Canada avec nous autres. » C'était trop tard ! J'étais déjà amoureuse du pays. Souvent, lors de ce séjour, je me répétais : « T'es au Canada ! » Comme une puce de mer, j'avais sauté d'un continent à l'autre, un autre bout de la terre où tout n'est qu'immensité y compris l'empathie de ses habitants.

Un soir, à Montréal, je suis allée applaudir (dans ma tête) le chanteur Bruno

Pelletier, que j'avais eu la chance de croiser quelques jours auparavant et qui m'avait invitée à son concert. À la fin du tour de chant, mes angelots m'ont carrément hissée sur la scène, juste derrière les musiciens. De manière différente, j'ai pris la chaleur du public et l'aveuglante lumière des projos en pleine face. Je me suis alors souvenue de ce rêve de gamine : à sept ou huit ans, après avoir vu la série télé *L'Âge heureux* d'Odette Joyeux (la femme de Pierre Brasseur), je voulais devenir danseuse étoile. Malheureusement, j'étais dodue et pas sportive du tout. Bref, j'ai laissé tomber. À présent, maigre comme ces modèles nourris à un yaourt par jour qu'on voit dans les magazines, je pourrais facilement me glisser dans un de ces longs tutus meringués et enfiler d'exquis petits chaussons de satin blanc avec mes pieds de bébé rat de l'Opéra. Que m'importe de n'avoir pas été *prima ballerina* ! J'ai vécu ce soir-là *Les Feux de la rampe*. Bruno s'est jeté sur moi pour m'embrasser et s'inquiéter de savoir si j'avais apprécié le spectacle. Je me suis quasiment broyé les molaires pour ne pas pleurer de joie. Mais, c'était interdit de pleurer : j'avais trop peur de perdre mes faux cils ! Au Canada, j'ai trouvé une nouvelle forme de liberté, un ailleurs, une autre possibilité, d'autres étoiles et surtout, encore d'autres êtres charmants. Fatiguant ce long périple ? Oui. Non. On dormira demain. On dormira quand on sera mort.

Je ne viens pas ici me vanter d'avoir voyagé, mais partager des expériences proches et simples, ou éloignées et compliquées à organiser. Comprenez-vous que toutes ces parenthèses, ces souvenirs sont d'autres thérapies auxquelles je m'accroche pour ne pas devenir complètement cinglée ? Les belles images de notre esprit ont toujours raison d'être belles. Ce sont des clés, des « sésame ouvre-toi ! », des bonus qui s'ajoutent à la lumière de la vie.

Le chemin le moins fréquenté

C'est le Chaos.

Je suis K.O.

Sur ce point, je suis OK.

La maladie est léonine, elle prend tout, ne fait pas de tri. Toutes ces dernières années à éviter, à esquiver, à se mettre des œillères, n'ont fait que prolonger et ponctuer mes événements de vie de femme dans la société. Oui, j'ai péché par orgueil mais, c'était de la légitime défense pour vivre ou survivre à peu près normalement.

Mais, je n'ai plus la moindre force, ni la plus petite étincelle. Si je ne veux pas devenir mon *road killer*, je dois me mettre en position « parking ». Pourtant, il me reste encore un as dans mon jeu de vie : je travaille. Encore. Je veille à mon propre grain. Pour combien de temps ? Je m'étais dit et répété : « Quand tu ne seras plus efficace, tu arrêteras de travailler. » C'était pour faire la grande fille raisonnable, lucide, objective. J'essayais de me (ré)conforter et de me préparer à ce que je pensais être le pire sans vraiment trop (vouloir) y croire. Jusqu'au jour. LE jour.

Un matin comme je les déteste, gris, sombre, humide, hermétique. Je n'ai pas pensé qu'il pouvait faire si froid, je ne me suis pas suffisamment couverte, je grelotte. La nuit dernière a été sans pitié, je n'ai pratiquement pas fermé l'œil et le réveil n'avait rien à voir avec celui de *La Belle au bois dormant*. Je suis comateuse, assommée, à bout. Ce n'est pas la claque, c'est le cloaque. On me conduit à mon bureau. Je suis assise et je regarde fixement mes affaires avec des yeux vides, mornes. Le téléphone ? Je peux à peine prendre le combiné. Mes beaux stylos ? Il y a déjà longtemps que je ne peux plus écrire. Mon ordinateur ? En pliant une phalange de l'index droit, j'arrive encore à écrire quelques notes. Ma voix est trop laide, trop faible à présent pour que je puisse argumenter, diriger, convaincre, me justifier. J'ai toutes mes capacités mentales, mon libre arbitre, ma volonté et tous ces petits coins du cerveau que je ne soupçonne pas, mais j'ai l'impression (fausse ?) que tout est hors concours.

Ma collègue Brigitte arrive affichant cet immuable sourire à mon adresse. Comme d'habitude, elle est débordée, elle court au fax et à l'imprimante tout en me débitant les nouvelles de la Direction générale, les potins, ses enfants et leurs devoirs, ses courses du midi... Une seule différence : aujourd'hui, elle s'est aperçue (elle me connaît bien) que mes yeux diffusaient une lueur singulière. Marie, ma chef, apparaît entre deux rendez-vous téléphoniques et me signale tout doucement, plus doucement que jamais, qu'elle souhaite me voir dans la matinée. Je me tétanise. Le compte à rebours final d'un morceau de vie est enclenché. Je le sais. Je le sens. Elle le sait. Elle le sent.

Deux mois auparavant, j'ai eu une alerte. J'ai été hospitalisée plusieurs semaines au cours desquelles j'ai cru crever, mais au bout du bout, je suis revenue travailler. Je me demande encore comment. Je ne pouvais pas, je ne voulais pas m'imposer une limite mais cette fois, je ne m'en tirerai pas par une pirouette. Maintenant, c'est le moment, la minute, la seconde, le millième de seconde. Elle m'appelle. Je ferme les yeux. Je suis glacée. Je vois le visage décomposé de Brigitte, qui sait ce qui va arriver, même si elle s'y refuse catégoriquement. Nous contemplons nos âmes respectives. Il n'y a pas de mot. Il n'y a plus de mot. Notre piste commune a duré plusieurs années. C'est à moi à présent de donner un coup de volant. C'est MON virage, pas le sien. Marie me pousse dans son bureau. Je n'ai déjà plus rien. La réalité se plante devant moi. À la première syllabe qu'elle pro-nonce, je sais que c'est fini. Elle y met toutes les formes du monde, mais j'ai tout compris. J'ai tout compris et je suis accablée. Je pleure le Nil jusqu'à la nausée. Je lutte encore contre l'évidence et ma clairvoyance. Qui peut me sauver ?

Mes yeux, telles des ailes de papillons affolés, tournoient et cherchent un réconfort dans la plus sucrée des fleurs du Jardin de Balata[1]. Je tombe à la renverse et ne trouve plus aucun support. Mon corps est tendu comme un arc : ma tête part d'un côté et mon ventre de l'autre, comme dans ce cauchemar récurrent où mon corps entier est bloqué et forme dans l'espace un demi-cercle. J'ai horreur de ce rêve, mais je me dis que je dois chercher l'autre demi-cercle pour obtenir l'arrondi parfait. Il n'y a ni juge, ni jugé. La justice n'est ni meilleure, ni pire. Elle

1. Le Jardin de Balata est un véritable jardin d'Éden reconstitué au cœur de l'île de la Martinique. Les plus beaux et les plus inattendus spécimens de plantes exotiques enchantent et embaument les sens du visiteur botaniste ou profane dans une profusion telle que l'idée du paradis terrestre n'est pas loin.

n'a pas besoin de superlatif. Elle est. Personne ne me pousse. On ne me veut que du bien. C'est infernal, mais c'est à moi de prendre cette décision. Je ne suis plus efficace. Les autres n'ont pas à me ménager, ils n'ont pas à subir ma maladie. Je n'ai pas le droit de mettre mon environnement professionnel en péril. C'est comme avec ma voiture, je n'ai plus le droit de risquer de blesser des gens. J'ai été un mois à l'hôpital, Brigitte n'a pas dormi pendant un mois. C'est injuste pour elle et ce n'est même pas juste pour moi. Je plonge, je me dis que dans tous les cas, le choix va se faire avec ou sans moi. J'aurai beau y songer pendant des plombes, cela ne changera rien. C'est bon, j'arrête mon travail. Je le ressens comme le bruit odieux du couperet de la guillotine. Ma vie se termine, c'est sûr.

Que vais-je devenir ? Une serpillière, c'est sûr aussi. Ne plus me lever, m'habiller, me maquiller, ne plus parler, ne plus intervenir, ne plus avoir cette petite part d'importance sociale qui fait le jeu. Je réalise que je me suis pressée comme un citron pour recueillir la toute dernière goutte du jus. J'ai trop poussé la machine et à présent, elle sent le brûlé. J'ai trop dépensé à mes frais. Je n'ai pas épargné mon acquis. Mais c'est fait. Comment aurais-je pu agir autrement puisque j'étais persuadée que travailler signifiait rester vivante ? Je dois tourner une page qui pèse une tonne. Quand je suis arrivée ce matin, j'ignorais évidemment quelle tournure prendrait cette journée. Je ne peux plus abattre mon joker. Silencieusement, je règle mes affaires en cours. Une heure plus tard, je quitte l'entreprise.

La Rampe de vie

J'ai eu tort d'affirmer que ma vie dérivait inexorablement. Évidemment. Ma nouvelle réalité va apparaître plus tard, mais à ce moment-là, j'ai gardé le voile[1]. Bien sûr, en revenant de ma dernière journée de travail, j'ai pensé que j'étais bonne à mettre à Emmaüs. Bien sûr, mon cerveau rougeoyait comme une braise du Buisson (ardent). Bien sûr, je n'ai rien pu avaler si ce n'est plus de somnifères que d'habitude pour échapper à la lumière. La nuit passe. Un trou noir, un sommeil

---

1. J'ai hésité à écrire « garder le voile », parce que, par les temps qui courent, ce n'est pas précisément la bonne expression, mais aucun taliban ne lira ce livre alors...

d'anesthésie générale. J'ouvre les yeux, et je pleure. Mon cœur accidenté est lourd comme un âne mort. C'est le bordel dans mes chackas. Je n'ai envie ni de boire ni de manger, j'ai seulement soif de gros bisous d'amour. Je veux un énorme câlin. Je veux des baisers sur le petit bout de ma truffe. J'ai envie de danser un slow torride sur Ten C.C. (*I'm not in love*) et faire du joue-à-joue pendant des heures. J'ai besoin d'une main d'homme, chaude et géné-reuse, qui me caresse les cheveux. J'ai besoin du souffle enivrant d'un homme qui aime une femme. Qu'on m'apporte des lits d'amoureux. Des 200 × 200 (la taille des lits, pas des amoureux) ! À défaut de ma place de femme active dans le monde, je peux encore me permettre de vouloir rester femme, tout simplement. J'ai au moins ça. Au minimum. Même mutilée, personne ne volera mon sexe féminin. Être désirable, c'est évidemment (et vie d'amants) être vivante.

La SLA vient de m'asséner un autre coup bas. Une ombre m'envahit : et si, comme Tante Clara de *Ma Sorcière bien-aimée*, j'avais aussi perdu tous mes pouvoirs ? Elle, magiques et moi, de séduction. La balle est dans mon camp. Je chouine et rêvasse dans mon lit toute la journée. Je me bloque une bouillotte dans le dos. Tous mes os craquent tel un vieux fauteuil en rotin sur lequel on s'assoit sans ménagement. Je ne veux parler à personne et personne ne doit me parler. J'essaye de me raisonner pour ne pas totalement perdre pied (façon de parler). Cela ne se fera pas en claquant des doigts. Je dois me secouer la paillasse et aller planter mes choux ailleurs. C'est tuant. Non, je suis trop déprimée, trop fatiguée, plus rien ne suit. Pourquoi continuerais-je ? La lutte est trop inégale, ingrate. On veut ma peau ici-bas. Je n'ai plus envie de me lever. Pour quoi faire ? Ma tête brûle d'une odieuse migraine, mais soudain, j'ai une énorme envie de me mettre du rouge à lèvres. Tout n'est pas perdu !

Je m'autorise un laps de temps afin de me resituer. Je range ma maison, vide mes tiroirs, classe toutes mes photos, pousse mes meubles et je balaie, je balaie... comme si mon *home* était mon âme. Ma vie doit passer à autre chose maintenant. Mais je ne sais pas encore à quoi, ni comment. En attendant, je choisis de me gargariser de vidéos Disney, histoire de me réconcilier avec la vie. Sans aucune hésitation, s'il faut cela pour me tirer de ce mauvais pas, je suis prête séance tenante à rouler une pelle à Merlin l'Enchanteur en personne. Je pense alors au mot « rampe ».

Qu'est-ce qu'une rampe ? C'est un chemin facile qui permet le passage d'un point à un autre, ou mieux encore, l'accès d'un niveau à un autre. C'est aussi une rangée de lumières. Une rampe n'est pas exclusive, elle est ouverte à tous, sans aucune distinction. De plus, cette rampe qui aide dans la montée et dans la descente est souvent équipée d'une barre métallique, d'une main courante (quel joli mot !) ou... d'une rampe pour ne pas tomber dans le vide. Elle est doublement

« rampe ». Elle forme un tout. Il n'y a donc aucune raison de s'en priver. Elle est une proposition positive.

Je prends conscience que je l'ai empruntée depuis longtemps mais de différentes manières. Techniques de survie d'abord : j'ai pris une canne pour ne pas me fracasser, puis un fauteuil roulant pour assurer efficacement mon périmètre de sécurité. Enfin de fil en aiguille, j'ai accédé à la plus belle des rampes : la Rampe invisible, celle qu'on ne peut justement pas lâcher.

L'étincelle.

C'est ainsi que je l'ai insérée dans quelques titres de chapitres. Ça y est. Je sais. Je griffonne quelques bribes de phrases dans mon cahier de brouillon intérieur. D'autres mots arrivent dans le désordre et je dois me caler. Je décide alors de coucher mon ressenti dans les circuits imprimés de ma bécane. Je ne réalise pas encore très bien où le vent me portera, mais j'y vais, bille en tête. C'était le moment ou jamais d'écrire ce livre où je me livre, me délivre. C'est *La Rampe*. Je réalise que je vais emprunter le chemin le moins fréquenté. En bon *Homo sapiens* de base, le terrain inconnu m'angoisse, me donne le vertige. Pourtant, j'ai soif de co-naître, de faire co-naissance. À force de gratter les arcanes de mon cerveau, je vais sûrement découvrir une nouvelle couleur de ma palette intime, alors la réalité changera concrètement et l'évidence deviendra certitude. C'est comme si quelqu'un me parlait d'une nouvelle couleur dans l'arc-en-ciel. Je ne vois pas cette couleur parmi les gouaches de mon âme, et les éléments de mon environnement et de mon vécu ne me permettent pas de l'intégrer dans ma vision. Par contre, quand la réalité devient autre, elle intègre des nouveaux codes qui font de l'évidence une certitude. Alors ma réalité change concrètement. C'est souvent dans ces moments-là qu'on se dit : « Pourquoi ne l'ai-je pas vu avant, c'était évident ! » J'ai vu. Effectivement, j'étais bien loin de m'en rendre compte. Je commence aussi à réaliser que nous sommes tous des Rampes, formalisées ou tacites, puisque nous sommes des êtres d'Amour. Nous formons tous un ensemble bouillonnant de cellules qui sont Amour. Nous sommes tous des repères, des signaux interactifs.

Les Belles Âmes sont Belles Rampes, mais aussi Belles Rencontres. Et, dans le désordre, les Belles Rencontres sont Belles Âmes, etc. Il n'y a que de Belles Rencontres dans la vie. Comment peut-on imaginer le contraire ? Comment pourrait-il en être autrement ? Le plus joli des hasards m'a offert une rencontre qui restera tatouée dans mon âme pour le restant de mes jours. Au cœur de la plus traître des situations et à un moment couleur gouffre, cet autre Ange m'est apparu. Un Ange au masculin. Un Homme. Enfin. Heureusement.

Jean-Philippe [1].

Il est celui qui m'a aidée à ouvrir une

---

1. Jean-Philippe Brebion, *L'Empreinte de naissance*, éditions Quintessence, 2004.

serrure grippée avec l'huile de son savoir. Il m'a pris la main pour m'aider à tourner la clé dans le cadenas et m'a proposé d'ouvrir ma vie comme on ouvre la porte d'un paradis inattendu, inespéré. « Vous avez autre chose à faire que d'être malade ! » Ce jour-là, J'AI GRANDI D'UN AUTRE CENTIMÈTRE.

Pas de secte, ni de sexe non plus – ne dis pas non, lecteur, j'ai vu clair dans tes yeux ! – pas de nouvelle philosophie et encore moins de substance magique. Jean-Philippe m'a emmenée sur un chemin qu'il connaît très bien : la bioanalogie. Il s'agit d'une approche, une forme de raisonnement qui soulève de nouvelles interrogations face à une maladie nous laissant démunis voire désemparés. Si l'Amour n'a pas de raison, si l'Amour n'a pas de sens, la maladie en a. Qu'est-ce que le Mal a dit ? Qu'est-ce que le Mal nous dit ? Les symptômes s'expriment-ils dans un désordre absolu ? Sommes-nous frappés d'une manière aléatoire ?

Il s'avère que l'être humain fonctionne

sur la base de la mémoire de l'animal. C'est notre biologie. Tant pis pour les adeptes du règne humain mais, que nous le voulions ou pas, nous descendons d'une branche collatérale du singe. Nous sommes des hominidés améliorés et avons conservé une partie reptilienne. En clair, c'est l'instinct. Si l'Homme, dans sa quête intérieure, a toujours privilégié l'accomplissement du moment présent afin d'en jouir pleinement et tout de suite, l'animal inconscient prêche pour sa propre paroisse en se projetant toujours dans le futur pour la garantie de la survie de l'espèce. Bien avant l'embryon, pendant la période fœtale, au moment de la naissance du poupon rose et au cours de la vie entière de l'adulte, nous subissons tous différents niveaux de stress et de problématiques non résolues. Seul notre cerveau biologique animal sait que nous possédons un certain seuil de tolérance au stress. Si le stress persiste, nous ne sommes plus en mesure d'assurer la survie de l'espèce. C'est la mort. Aussi étonnant que cela puisse paraître le cerveau n'est pas programmé pour la mort, donc il va mettre tout en œuvre et trouver une solution parfaite de survie. C'est le moment où nous avons 100 % de chance de tomber malade. Le cerveau, cet athlète de l'existence, émet un signal qui ne signifie pas pour lui « maladie » mais... « vie ».

Surprenante, délirante, brutale, cette théorie, qui m'a dans un premier temps choquée, m'a finalement aidée dans la quête de mon histoire cellulaire. J'ai révisé mes processus de raisonnement pour une meilleure prise en charge de mes ressentis. Le mot « survie » a pris un autre sens. La Sur-Vie. Être au-dessus. Je sais que la piste est bonne et que j'ai progressé dans mon voyage intérieur. C'est infernal à reconnaître : « OK, je suis malade, mais cela signifie aussi que je suis vivante. Là-haut, sous mes cheveux de blonde, ça travaille, ça turbine, ça s'agite. » J'ai l'intime conviction que mon état de santé serait différent si je n'avais pas rencontré Jean-Philippe. Je n'ai aucun intérêt à négliger la moindre issue. Tout essayer, c'est tout réussir, ai-je écrit, non ? D'autant plus que ce nouveau regard m'a également permis d'accéder à certains épisodes familiaux douloureux et de les résoudre.

Un exemple ? Bon d'accord, mais vous n'irez pas dire partout que je suis non seulement prétentieuse (même si c'est vrai !) mais aussi illuminée (ça, ce n'est pas vrai du tout !). Voilà : « J'ai guéri mon arrière-grand-mère de la maladie de Parkinson, à titre posthume. » Sérieusement. Cette femme a été veuve très jeune avec deux enfants à charge. Elle était le chef de famille et ne s'est jamais remariée. Comme on dirait maintenant : « Elle en avait ». Elle était la mère et le père. C'était elle qui décidait et agissait. Lorsque bien plus tard sa propre fille (ma grand-mère) a eu sa famille, elle a continué à diriger le gynécée familial. En effet, mon grand-père était commandant dans la marine marchande, toujours en mer de longs mois. Mon arrière-grand-mère a gouverné jusqu'à la retraite de son gendre. Une fois revenu au foyer, il a repris sa place comme chef de famille. Elle a donc perdu le contrôle. Cette perte absolue s'est bientôt incarnée par des tremblements. D'arrière en avant, d'avant en arrière. J'ai été. Je ne suis plus. Je suis persuadée d'avoir compris le mécanisme du déclenchement de sa maladie. Je l'ai fait pour elle. Même décédée, je l'ai guérie. Je le sais.

Évidemment, si j'avais trouvé le mauvais branchement dans mon propre réseau, je n'aurais pas écrit *La Rampe* mais *Comment j'ai guéri*. Mais je ne désespère de rien. De toute façon, comprendre le fonctionnement du cerveau est toujours payant et nous sommes tellement loin du compte que nous avons tout intérêt à continuer à le sonder. Il paraît qu'au Moyen Âge sclérose signifiait « cicatrice ». À la réflexion, comment pourrais-je être atteinte d'une cicatrice ?

Ainsi, nous devons nous montrer interventionnistes dans toutes nos démarches.

Mettre en œuvre et cheminer sur des sentiers inhabituels. Pas si simple. Il faut savoir se secouer la carcasse pour devenir maître de son destin. Quand je dis : « mettre en œuvre », c'est vraiment mettre le paquet et aller chercher l'introuvable, l'inconnu.

Voilà, j'ai engagé la clé dans le trou, mais elle patine encore.

Je continue.

Je suis studieuse.

Un jour de déprime, j'étais avec le professeur Meininger en consultation à Paris, celui-ci tentait de me faire vider mon sac pour m'entendre lâcher des choses du genre « qu'on a du mal à lâcher » justement. J'étais butée comme un rhinocéros et je ne desserrais pas les mâchoires. « Vous êtes un livre fermé ! » J'aurai mis le temps, mais finalement, je l'ai ouvert.

Dis Diana

— Dis Diana, *La Rampe* est-elle auto-biographique ?

— Oui et non. C'est une part du gâteau. Cela fait quinze ans que la SLA et moi fricotons ensemble. J'envisage de la larguer. La SLA n'est pas ma vie. C'est la part rance et moisie. Ce récit est mien et si ce livre n'est pas bien gros, c'est peut-être qu'il n'a pas grand-chose à dire de plus. Tant mieux.

— Que signifie écrire ?

— Faire du mot à maux. C'est moins cher que le psy. Dommage, ce n'est pas remboursé. Moi qui suis dans un schéma de maladie de l'enfermement, j'ai trouvé la Liberté. Pas conditionnelle, ni sur parole. Aucune idéologie ne me volera cette liberté. Si je dis oui avec la tête, rien ni personne ne peut forcer mon âme à être d'accord quand elle dit non. Écrire n'est pas une plainte. Tout ce que j'ai pu révéler ici est du « déjà digéré ». Il y a des chapitres que je n'ai pu rédiger (et digérer, donc !) que très récemment. J'ai besoin d'un certain cérémonial pour écrire. Je dois me connecter en direct avec mes mots. Ils se suffisent à eux-mêmes. Je dois être au calme. Même l'adagio le plus doux me parasite. Devant mon écran, je ne tolère à mes côtés que la présence de filles (chat y compris). Cigarettes et thé de Chine. Enfin, il faut que j'écrive avec contentement et bonne humeur. Le point de départ n'est, je vous l'accorde, pas très *fun* et pourtant… Comment expliquer que je me suis énormément amusée ? Oui, amusée, parce que je l'ai pris comme un jeu qui me divertissait tout en me faisant réfléchir. Ce jeu de piste m'a tirée de la réalité pour me tremper dans un liquide inconnu et dans d'autres âmes aussi. J'ai jonglé avec les phrases, elles se sont écrasées en douceur et sans tache sur le papier. La SLA est une maladie sérieuse que je ne veux pas prendre au sérieux.

— Dis Diana, quand tu auras jeté la SLA, que feras-tu en premier ?

— Je saisirai mon fils dans une étreinte fougueuse, et je ne le lâcherai pas de sitôt. Plus tard, je ferai de même avec les gens que j'aime et qui m'aiment. Pour être plus appétissante, je me vêtirai d'une robe noire moulante et j'irai danser jusqu'à l'aube. Il n'y aura plus aucune raison pour que ce qui a été existe encore. Enfin, je ne cesserai d'aimer, aimer, aimer.

— Dis Diana, qu'est-ce que la nostalgie ?

— Elle se raye d'elle-même. C'était avant. Je veux ignorer ce nom commun trop commun.

— Alors Diana, elle est où la vie ?

(Je tends la main.) — Touche-moi !

Postface

La Sclérose latérale amyotrophique (SLA) ou maladie de Charcot

Par M. le professeur Vincent Meininger, neurologue, Directeur du centre SLA de l'hôpital de la Salpêtrière (Paris) et Président du conseil scientifique de l'Association pour la recherche sur la SLA (ARS).

La SLA fait partie des affections dégénératives du système nerveux central comme la maladie de Parkinson ou la maladie d'Alzheimer. Ces affections se traduisent par une disparition progressive de certains groupes de cellules nerveuses. Dans le cas de la SLA, ce sont les cellules qui commandent les muscles, ou motoneurones, qui sont atteintes. Le rôle des motoneurones étant de transmettre les signaux du cerveau aux muscles, leur atteinte entraîne une difficulté croissante à la commande musculaire et des paralysies progressives avec des handicaps moteurs plus ou moins importants.

Longtemps considérée comme une maladie peu répandue et atteignant surtout les sujets âgés, cette affection touche en fait deux ou trois Français par jour, avec une plus grande fréquence chez l'homme. Elle est aussi fréquente en incidence (nouveaux cas) que la sclérose en plaques, maladie avec laquelle elle n'a aucun lien. Par ailleurs, son incidence augmente sensiblement en France (200 % en vingt ans), comme dans d'autres pays industrialisés. Étrangement, c'est surtout l'hémisphère Nord de la planète qui est touché par cette affection qui atteint de plus en plus de personnes jeunes en pleine activité socioprofessionnelle.

L'atteinte musculaire de la SLA peut toucher deux grands types de territoires fonctionnels : les muscles des membres et/ou les muscles de la parole et de la déglutition. Ces atteintes musculaires sont à l'origine de handicaps souvent sévères et invalidants, coupant progressivement les patients de leur vie sociale et pouvant perturber leur vie affective, sentimentale, émotionnelle et sexuelle. Leur évolution se fait progressivement ou par paliers, avec parfois des phases de stabilisation plus ou moins longues vers une atteinte globale des muscles des membres assortie éventuellement de troubles de la respiration.

En dépit d'importants efforts de recherche poursuivis par de nombreuses équipes dans le monde, et bien que différents facteurs dans les mécanismes de survenue aient été suspectés (virus, éléments toxiques, minéraux, facteurs hormonaux, anomalie du métabolisme), les causes exactes de cette maladie ne sont pas encore connues. Il ne s'agit pas d'une maladie génétique même si, dans certains cas, l'expression d'un gène a été mise en évidence. Ainsi, la recherche génétique est l'une des voies porteuses d'espoir pour atteindre la solution.

À l'heure actuelle, nous ne disposons pas de traitement radical permettant d'arrêter l'évolution, mais de nombreux essais thérapeutiques sont tentés par différentes équipes pour évaluer l'efficacité de traitements suggérés par la recherche fondamentale. Récemment, un premier médicament ayant un impact dans le ralentissement de la progression de la maladie a reçu une autorisation de mise en vente. À la suite de ce premier espoir, d'autres molécules différentes et, éventuellement complémentaires, sont à l'étude. En dépit de ces inestimables progrès acquis ou à venir, les traitements actuels sont donc principalement palliatifs avec particulièrement pour objectif de soulager les crampes, les douleurs de décubitus, les douleurs articulaires, les troubles du sommeil, de la raideur...

Maladie souvent ignorée du grand public, la SLA est une affection d'une extrême gravité qui touche quatre à cinq mille personnes aujourd'hui en France. Les fonctions intellectuelles de ces malades restent rigoureusement intactes. Leur lucidité, leur sensibilité demeurent le plus souvent remarquables mais, ne pouvant faire le moindre geste ou émettre le moindre son, ces patients, alors prisonniers de leur propre corps, vivent peu à peu totalement retranchés du monde.

Un dernier mot...

Diana Carter est suivie pour une sclérose latérale amyotrophique depuis de nombreuses années. Depuis le début, je suis fasciné par sa présence et par son courage incroyable. Elle manifeste une volonté extraordinaire, un cœur immense et une beauté rayonnante. Son témoignage et l'énergie infinie qu'elle transmet aux soignants sont les preuves vivantes des « bienfaits » du courage et de la volonté pour combattre une maladie aussi difficile soit-elle. Sa *Rampe* est étincelle.

Pr. Vincent Meininger

Remerciements

Merci à mes sœurs Dominique et Tiphaine qui m'ont accompagnée sur ce chemin

Merci à Philippe Robinet qui m'a aidée à trouvé le bon chemin

Merci à Virginie Despentes qui m'a donné l'envie du chemin

Merci à Florence, ma petite fée Clochette

Merci à Valérie, grande connaisseuse des Belles Âmes et des Belles Rencontres

Merci à Marianne, l'Orientale au parfum d'Algérie

Merci à Claire, la Camerounaise

Merci à Marie-Cécile, l'aventurière

Merci à Cécile pour sa collaboration, son soutien et son humour, à mes *SLA-sitters* qui ont été les autres mains de

Diana-Nadia et, parfois, les autres Âmes, merci à celles et ceux qui rendent possible ma vie à domicile

Je remercie chaleureusement le professeur Vincent Meininger qui m'accompagne depuis le début dans la paix et la douceur et qui a accepté de rédiger la postface de *La Rampe*

Merci à Philippe (mon super doc), à Arnaud (mon kiné « canon »), à Dominique (ma fidèle infirmière), à Franck (mon coiffeur) pour ses silences et son art

Merci à Lydie et Nicolas (avec une mention spéciale pour Coraline qui m'a inspirée et petit Pierre), à Gilles, Sylvie, Naéva, Laurence, Frédérick et Brigitte pour leur affection et leur fidélité

Merci à Mina mon amie marocaine, superintendante de mon harem si particulier

Merci à Patrick Bruel pour sa présence depuis toujours (s'il se demande pourquoi, je le lui dirai !) et à Bruno Pelletier pour sa générosité (Juillet 2001 – Montréal, Québec – Place des Arts « Madame Rêve »)

Remerciements

Merci à Thao et Sangouane Lane qui m'ont fait confiance jusqu'au bout dans l'entreprise, sans oublier Marie-Claude et tous mes collègues

Et enfin, un remerciement tout particulier à Gilles Bouley-Franchitti pour sa pertinence, son enthousiasme, sa réjouissance, sa patience, ainsi qu'à Yves Michalon et à l'ensemble des éditions Michalon pour l'accueil qu'ils ont réservé à *La Rampe*.

« Il n'y a rien à démolir, car je n'ai rien à construire, j'ai à vivre. »

M.B.

Achevé d'imprimer par GGP Media GmbH, Pößneck
en octobre 2005
pour le compte de France Loisirs
Paris

N° d'éditeur: 4 3658
Dépôt légal: octobre 2005
Imprimé en Allemagne